이것이
AI를
이기는
독서법

이것이
AI를
이기는
독서법

2024년 1월 5일 초판 1쇄 발행

지 은 이 정병태
이 메 일 jbt6921@hanmail.net
디 자 인 소도구
펴 낸 곳 한덤북스

신고번호 제2009-6호
등록주소 서울시 영등포구 문래동 164, 2동 3803호(문래동3가, 영등포SK리더스뷰)
팩   스 (02) 862-2102

ISBN   979-11-85156-57-6 (03320)
정   가 17,500원

이것이
AI를
이기는
독서법

정병태 지음

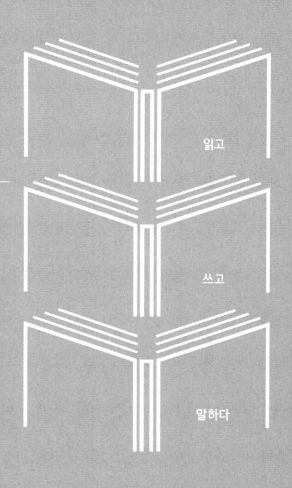

읽고

쓰고

말하다

한덤북스

세상에서 가장 위험한 사람은
단 한 권의 책을 읽은 사람이다

- 중세의 철학자 토마스 아퀴나스Thomas Aquinas -

책 읽는 뇌섹녀, 마릴린 먼로[1]

---

1 이미지 출처: https://www.openculture.com/2014/10/the-430-books-in-marilyn-monroe
s-library.html

_ 책 읽는 여자는 현명하다

정말 고민이었다.

어떤 이야기로 책을 시작할까를 두고 여러 번 글을 바꾸었다. 그만큼 독서에 관해서는 할 이야기가 많았다. 가속화되는 AI 트렌드, 공통점이 모두 책벌레인 세계적인 부자들 이야기, 고전의 독서가들과 책 읽는 유대인 민족 이야기, 대학 4년간 고전 100권 읽기가 과제인 세인트 존스 대학 이야기, 내가 전공한 철학자 니체 등….

결국 고심 끝에 서론은 중세의 철학자이며 신학자인 토마스 아퀴나스의 멋진 경구와 함께 할리우드 고전 배우이며 전 세계적인 최고의 뮤즈Muse, 책 읽는 마릴린 먼로Marilyn Monroe, 1926~1962 이야기로 실타래를 풀기로 했다.

마릴린 먼로는 사진작가에게 자신이 대문호 제임스 조이스James Joyce의 대표작인 〈율리시스〉를 읽는 장면을 찍게 허락했다. 책 읽는 것이 지적이고, 섹시한 행위가 된 순간이었다.

1962년 8월, 그토록 큰 인기를 누렸던 마릴린 먼로는 갑자기 의문의 죽음을 맞이한다. 그런데 그녀의 집을 취재하러 갔던 기자들은 또한 번 놀랐다. 그녀 집안 서재에 문학과 전문 교양서 등 장르를 불문한 책들이 가득 꽂혀 있었기 때문이다. 마릴린 먼로는 늘 책을 가까이했다. 촬영할 때를 제외하고는 항상 책을 읽었다. 손에서 책을 놓지 않았고, 어디서든 짬을 내 독서했다.

그녀가 좋아했던 책으로는 아서 밀러의 〈세일즈맨의 죽음〉, 사무엘 베케트의 〈고도를 기다리며〉, 지그문트 프로이트의 〈꿈의 해석〉, 표도르 도스토옙스키의 〈카라마조프 가의 형제들〉, 스콧 피츠제럴드의 〈위대한 개츠비〉, 어니스트 헤밍웨이의 〈무기여 잘 있거라〉, 에리히 프롬의 〈사랑의 기술〉 등이 있다.

마릴린 먼로는 외모와 지식을 겸비했던 뇌섹녀였다. 그래서 독서력이 뒷받침해주는 많은 말들을 남겼는데, 다음의 말은 나에게 큰 의미를 주었다.

"계속 웃어라. 인생은 아름답고 웃어야 할 일로 가득 차 있다."

많은 시간이 지났음에도 마릴린 먼로가 여전히 기억되고 사랑받는 것은 이러한 그녀의 지성미 때문이라고 생각한다. 세계적인 베스트셀러 작가 슈테판 볼만Stefan Bolmann도 〈여자와 책(책에 미친 여자들의 세계사)〉에서 "책 읽는 여자는 위험하고 현명하다"라고 말한 바 있다. 이 시대에도 여전히 내면을 아름답게 가꾸는 공부는 아름답다. 책 읽는 사람은, 그게 누구라도 매력적이다.

_ 쓰기 위해 미친 듯이 읽다

글을 쓰는 것 못지않게 좋은 작품을 열심히 읽는 일도 중요하다. 20세기 전반에 걸쳐 활약한 영국의 작가 버지니아 울프Virginia Woolf, 1882~1941는 글쓰기에서 의식의 흐름 기법을 창안한 선구자로 평가받는다. 그녀는 평생 정신질환을 앓으면서도 책 읽기를 즐겼다. 어린 시절부터 아버지의 서재에서 책을 읽었고, 평생을 생각하고 읽고 쓰면서 보냈다. 작가가 된 이래로는 매일 열 시간 이상 독서하는 규칙적인 삶을 실천했다. 아버지는 책을 좋아하는 딸에게 읽고 싶은 만큼 다 읽되, 마음에 드는 책은 반드시 두 번 읽어보라는 독서법을 조언해주었다.

그녀의 대표 작품으로는 〈자기만의 방〉, 〈등대로〉, 〈항해〉, 〈댈러웨이 부인〉, 〈밤과 낮〉, 〈올랜도〉, 〈존재의 순간들〉 등이 있다.

프랑스 작가인 마르그리트 뒤라스_{Marguerite Duras, 1914~1996}도 다독가였다. 뒤라스는 1914년 프랑스의 식민지였던 베트남 남부의 지아딘에서 태어났다. 18살 때 프랑스로 건너와 소르본 대학에서 수학, 법학, 정치학을 공부했다.

글을 써서 돈을 버는 일은 멋지지만 힘들다. 그녀는 '가난한 사람도 글을 써서 부자가 될 수 있지 않을까?'라고 생각했다. 뒤라스는 자신에게 주어진 운명을 독서와 글쓰기로 극복했다. 글을 써서 돈을 벌겠다는 다짐을 굳히고는 미친 듯이 책을 읽고 글을 썼다. 걷고 싶은 길을 스스로 개척했고, 결국 글쓰기로 부자가 되었다.

그녀는 글을 쓰기 위해서는 혼자여야만 한다고 생각했다. 집에 틀어박혀 읽고 썼으므로, 그녀의 집은 글쓰기의 집이 되었다. 그녀는 유서에서도 말했다. "나는 글을 쓰고 싶다."

뒤라스는 〈히로시마 내 사랑〉, 〈연인〉, 〈물질적 삶〉, 〈이게 다예요〉,
〈타르키니아의 망아지들〉, 〈길가의 작은 공원〉 등의 작품을 남겼다.

그렇다. 글 쓰는 여자는 용기를 잃지 않는다. 독서를 멈추지 않는다.
읽고 쓰는 여자는 결국 자신의 뜻을 이룬다. 삶이 지속되는 한 삶을
포기하지 않는다.

나는 돈을 벌겠다는 목표를 둔 사람들에게 독서를 우선순위로 둘
것을 조언한다. 바쁜 일상 속에서 독서로 내공을 쌓은 사람은 곧 삶의
지혜와 안목을 갖게 되며, 부의 내공은 물론, AI조차도 이기지 못하
는 무한한 창의력을 지니게 된다. 결국 일의 격도, 수행 능력도, 마음
의 깊이도 달라진다.

매일 혼자만의 시간에 '읽고 쓰기'를 권한다. 독서로 마음을 채우기
를 바란다. 이 책을 따라오면 그러한 '강철 독서' 비법을 얻을 수 있다.
부가 따르고, AI조차도 대체할 수 없는 사람이 될 것이다.

_ 정병태 교수

CONTENTS

Part 1

AI에 대체되지 않는
나를 만드는 법

뇌로 읽는 독서

_ 내 곁엔 늘 책이 있었다

독서는 똑똑한 뇌를 만든다.

독서는 모든 공부의 시작이다.

내가 바쁜 일상을 보내며 절대 거르지 않는 것이 독서다. 어쩌면 지금 잘살고 있는 것은 내가 똑똑해서가 아니라 매일 책을 가까이했기 때문이다. 더불어 내게 평생 최고의 공부법은 독서였다. 요즘은 AI를 통해 공부도 하고 강의 준비도 한다. AI에게 읽을 책을 물으면 수십 권의 서적을 건져 올려준다. 특히 해당 책에서 필사할 중요한 문장까지 찾아준다.

독서는 나를 지키고 내 삶의 방향을 찾아주었다. 또 다양한 지식과 통찰력은 세상을 보는 시야를 넓혀주었다. 그리고 무슨 일이든 자신 있게 해내는 토대가 되었고, 갈림길에서 갈팡질팡하고 있을 때 이정표가 되어주었다.

미국에서 유명한 방송인으로 자리매김한 오프라 윈프리Oprah Gail Winfrey는 1954년 미국 미시시피강 근처 흑인 빈민가에서 미혼모의 딸로 태어났다. 9살 때 사촌 오빠에게 성폭행을 당했고 14살이라는 어린 나이에 미혼모가 되었다. 20대에는 마약에 손을 대 감옥을 드나들었고 몸무게는 100킬로그램이 넘었다.

뒤늦게 만난 아버지는 딸에게 이렇게 조언해주었다.

"책을 읽어라. 그러면 너의 인생이 곧 180도 달라질 것이다."

오프라 윈프리는 이 조언을 마음에 새기고 2주일에 한 권씩 책을 읽고 독후감을 쓰면서 독서 습관을 길러나갔다. 자신에게도 잘하는 것이 있음을 깨닫게 된 그녀는 공부와 인간관계 모두에 자신감을 되찾고 밝고 당당한 사람으로 변했다.

당시 오프라 윈프리에게 가장 큰 힘이 되어준 책은 마야 안젤루Maya Angelou의 〈새장에 갇힌 새가 왜 노래하는지 나는 아네〉였다. 훗날 그녀는 "독서는 내게 희망을 주었다"고 말하며, 책이 엉망이 된 자신의 삶을 다시 일으켜 세운 힘이었다고 고백했다.

사실 책은 여유가 있고 시간이 남아서 읽는 것이 아니라 바쁜 시간을 쪼개어 읽는 것이다. 하루 중 아무리 정신없이 바빠도 사이사이 남는 시간에 한 페이지라도, 단 10분이라도 읽으면 된다. 이렇게 독서 습관을 기를 때 윈프리가 그랬듯 정말 인생이 바뀐다.

'하루 독서 실천'이란 도저히 시간을 낼 수 없는 상황에서조차 시간을 쪼개어 한 페이지라도, 단 10분이라도 매일 책을 읽는 일을 의미한다. 처음 하루 독서 트레이닝을 시작할 때는 한 번 손에 쥐면 놓을 수 없는 책, 페이지가 술술 잘 넘어가는 책을 선택하여 읽는다.

_ 10분 1권 독서의 비밀

내 인생의 내공을 길러준 가장 좋은 방법은 바로 독서였다.

일찍이 나는 서점에서 책을 살 돈도 시간도 없었다. 그런데 책을 가지고 가서 읽고 싶은 생각에 한 가지 방안을 만들어냈다. 바로 눈이 아닌 뇌로 10분 안에 읽고 싶은 책의 내용을 머리에 다 집어넣는 방법으로 책을 가져왔다. 그때부터 눈이 아닌 뇌로 독서하게 됐고, '뇌로 읽는 독서법'을 창안했다.

독서의 본질이기도 한 눈이 아닌 뇌로 읽는 독서법을 활용하면, 단 10분으로도 1권 독서가 가능하다. 사실 독서를 많이 하면 저절로 눈이 아닌 뇌로 읽는 '독서 뇌'로 전환된다. 즉, 똑똑한 뇌로 바뀐다. 뇌과학자들도 독서가 상상력과 연관되어 있으며, 독서를 하면 전두엽이 발달해 우수한 뇌로 변한다고 말한다.

독자에게 묻겠다.

"대뇌의 전두엽이 가장 활성화될 때는 언제일까?"

바로 독서할 때다.

또, "노화가 더뎌지고 오히려 젊어지는 방법이 무엇일까?"

이 역시 독서다. 독서를 하면 건강한 뇌를 가지게 되어 노화가 천천히 온다.

인간의 눈은 2차원 평면만을 볼 수 있으나, 뇌는 사물을 3차원 입체감으로 볼 수 있다. 바로 이런 이유에서 독서의 속도는 눈의 지각이 아니라 뇌의 지각 속도다. 어떻게 읽느냐에 따라서 글의 내용을 파악하여 빨리 읽을 수 있다.

이것이 바로 내가 고안해낸 '뇌 시폭시야의 폭 확대 독서법' 원리이다. 이 원리를 적용하면 단 10분 1권 독서가 가능하다.

- 뇌 시폭 확대 독서법 원리

꾸준한 독서는 뇌를 깨우고 뇌를 변화시켜

뇌 시폭을 확대해준다.

이는 오랜 시간 책을 많이 읽으면 발달되는 내공이다.

책 한 권을 대각선으로, 페이지로,

통으로, 원근법으로, 소리 내어 읽는다.

이러한 독서력이 뇌 시폭이 확대되는 원리다.

뇌 시폭 확대 독서법의 고수들은

무서운 집중력의 산물이다.

독서할 때는, 눈이라는 시각을 통해

정보가 뇌로 들어온다.

그래서 독서를 하면 뇌의 전두엽이 잘 발달해

비범해진다.

별난 독서

사랑은 한 사람에게 깊이 빠지는 것.
사색은 한 생각에 깊이 잠기는 것.
독서는 한 가지 일에 깊이 파고드는 것.

내 생각에 독서는 얇은 것에서 두꺼운 것으로, 다시 두꺼운 것에서 얇은 것으로 가는 과정이다. 처음에는 잘 모르기에 가볍고 얇게 읽어 나간다. 대충 읽어도 좋다. 표지와 서론, 차례만 훑어봐도 좋은 독서다. 책을 알아갈수록 배워야 할 것이 두껍게 느껴진다. 반대로 책의 내용을 완전히 이해하고 나면, 요점만 추려낼 수 있어 책이 다시 얇게 느껴진다. 그때 소리 내어 읽고, 중요 요점을 필사하고, 반드시 활용해 써먹는다. 이렇게 반복 독서를 한다.

독서는 한 가지 일에 열중하는 것이다. 옛사람이 지은 고전을 읽고 세상을 두루 살펴 견문을 넓힌다. 독서의 길은 멀고도 길되 끝이 없다. 그러나 인생을 즐거이 보내기 위한 독서는 가볍다.

귀한 책을 좋은 사람들에게 읽히고 싶은 것이 나의 진짜 마음이다.

그래서 난 별난 독서를 즐긴다. 어느 때는 건물 계단에 앉아, 길을 걸으면서, 숲속에서, 먼 카페를 찾아가 독서할 때의 그 즐거움들을 잊을 수가 없다. 독서는 사람이 살아가는 동안 평생 해야 할 일이기에 그렇다. 그래서인지 좋은 책은 일단 사고 본다. 그다음 읽는다. 소리 내어 읽고 필사하고 서평도 쓴다. 그렇다 보니 서재에는 다양한 책이 가득하다.

다른 학교처럼 내가 다니던 초등학교 교정에도 '독서는 마음의 양식' 동상이 있었다. 보통은 여학생 한 명의 동상인데, 어느 곳에서 만난 동상은 누나와 동생이 함께 책을 읽는 모습이었다. 다정히 독서하는 남매는 많은 세월이 흘러도 여전히 꼿꼿하게 앉아 건재하게, 밤낮 가리지 않고, 더위와 추위도 아랑곳하지 않으며, 독서를 한다.

독서는 마음의 양식이기에 그렇다.

사람은 평생 의복으로 보호받고, 음식을 먹으며 자라지만, 마음과 성품은 독서력을 통해 성장한다. 독서를 하여 스스로 깨달아 얻는 것이 없으면 마음과 성품이 성장할 수 없다. 그래서 독서는 사람이 살아

반가운 '독서는 마음의 양식' 동상

가는 동안 평생 지속해야 할 삶의 양식이다. 여기에 독서의 즐거움이란 천하에 비할 만하다.

중국 철학자 주자朱子는 "독서는 집안을 일으켜 세우는 근본"이라 하였다. 정말 독서는 몸과 마음에 큰 이로움이 깃들게 하고, 집과 조직을 일으켜 세우는 근본이다. 그래서 옛 성인들은 독서보다 더 나은 것은 없다고 하였다.

지금 나 역시 사랑하는 독자들에게 다음의 말을 건네고 싶다.

> 생계를 위해 독서를 하는 것은 아니지만,
> 책만 읽어도 먹고살 수 있다. - 정병태

책을 쓴 이유도 그 방법을 공유하고 싶어서였다. 지금처럼 변혁이 빠른 시대, 인공지능AI과 경쟁해야 하는 시대에 우리들은 과연 내 일자리를 지킬 수 있을까? 이 물음에 대해 고민했다. 그리고 '하버드식 독서법', 즉 '듣기, 말하기, 읽기, 쓰기'에서 해답을 찾아냈다. 나는 다음과 같이 질문했다.

- *무엇을 준비할 것인가.*
- *또, 어떻게 살아남을 것인가.*

지식 너머에
있는 쉼

AI와 정보기술에 힘입어 정확도가 크게 개선된 학습법들이 생활 속으로 침투하고 있다. 스마트폰 시대를 거치면서 SNS를 통해 방대한 양의 문자 데이터가 생성되고 음성 인식 기능과 사진 정보를 나눈다. 인터넷 사용량은 폭발적으로 늘어났다.

세계적 부자 기업가이며 투자의 귀재로 불리는 버크셔해서웨이 설립가 워런 버핏Warren Buffett의 말이다. **"책과 신문 속에 부富가 있다. 새로운 정보에 좋은 일이 많다."** 워런 버핏이 살아 있는 투자 천재로 불리게 된 비결은 무엇일까?

이 질문에 버핏 자신은 딱 한마디로 대답했다. 바로 '독서'를 했기 때문이다.

피에트로 스칼비니(Pietro Scalvini), 아르키메데스의 생애를 다룬 지암마리아
마주첼리(Giammaria Mazzucchelli) 책에 실린 삽화 '유레카'(1737).
'유레카(Eureka)'는 뜻밖의 발견을 했을 때 외치는 단어다.

고대 그리스의 수학자, 철학자였던 아르키메데스Archimedes, BC 287~
212가 "유레카Eureka, 알아냈다"를 외친 장소가 어디였던가?

자신의 집무실이나 대중 연설 장소가 아닌 목욕탕이었다.

당시도 지금처럼 목욕탕은 집착을 내려놓고 쉬는 공간이었다. 참신
하고 좋은 아이디어는 자신의 지식에 집착할 때가 아니라, 뜻밖에 긴
장을 풀고 쉼을 누릴 때 떠오른다. 이때 자기성찰도 가능하며, 나아갈
방향도 알게 된다. 참다운 깨달음, 뜻밖의 답은 지식 너머에서 참된 쉼
을 누릴 때 찾아온다. 아르키메데스가 "유레카!"를 외쳤듯, '독서'라는
쉼이 일상이 되면 예상치 못한 순간, 참다운 지혜를 선물한다.

독일 철학자 카를 야스퍼스Karl Jaspers는 소크라테스, 공자, 석가모니
등 성인들이 추구했던 삶을 정리하며 이렇게 말했다. **"그들이 추구했**

던 것은 단지 지식이 아니라 사고와 내적인 행동의 변화였다." 중국의 철학자 주자朱子는 공부의 정의를 "닭이 알을 품는 것과 같다"라며, 책을 숙독熟讀하고 음미할 것을 거듭 강조하였다.

서울 종로의 탑골공원은 과거 연암 박지원과 북학파 박제가, 홍대용 등의 젊은 인재들이 모여 책을 읽던 곳이다. 조선 후기 연암 박지원林趾源, 1737~1805 선생의 뜨거웠던 학구열은 다음 글귀에서 느낄 수 있다. "선비가 독서를 하면 그 은택이 천하에 미치고 그 공덕이 만세에까지 전해진다." 박지원 선생의 중국 기행기 〈열하일기〉에는 "글을 읽다가 잘 모르는 대목이 있으면 반복해서 봐야지 그냥 넘어가선 안 된다"라고 적혀 있다. 그는 조선 시대 대표적인 독서광이자 글쟁이였다. 청년 시절엔 3년간 문을 걸어 잠그고 오로지 책 읽기에만 전념했다. 그는 선비의 공부란 어떤 것인지를 이렇게 밝혔다.

"선비가 하루 동안 책을 읽지 않으면 면목이 곱지 못하고, 언어가 곱지 못하고, 마음 둘 데가 없어진다."

공부의 자세에 대해서는 다음과 같이 말했다.

"학문하는 길에는 방법이 따로 없다. 모르는 것이 있으면 길 가는 사람을 붙들고 묻는 것이 옳다."

지금 곁에 지나가는 사람이 없을 수는 있지만, 책은 늘 곁에 둘 수 있다. 독서란 가장 손쉽게 길 가는 사람을 붙들고 모르는 것을 물어보는 행위다.

돈키호테가
미친 이유

바른 독서를 위해서는 빨리 많이 읽기보다는 천천히 읽되, 무엇보다 매일 꾸준히 지속적으로 소리 내어 읽고 쓰고 토론하는 것이 더 중요하다. 책을 읽는 사람이 책에 반하기보다 책이 사람에게 반해야 한다.

그렇다면 책이 원하는 독서란 무엇일까?

바로 소유 중심으로 책을 읽기보다는 존재적Being 즐거움으로 읽는 것이다. 실제로 어떤 마음으로 책을 읽었느냐에 따라, 같은 책을 읽고도 깨닫고 느끼는 것이 사뭇 다르다. 만약 책을 소유하기 위해 읽으면 집착하게 된다. 그러나 존재 지향적 책 읽기는 새로운 생각을 갖게 하며, 책이 건네는 말들은 그 듣는 마음에 활력을 불어넣는다. 이 과정을 거치면 성찰과 더불어 숨겨진 자신의 능력이 깨어나 발휘된다.

서양 최고의 고전이라 불리는 세르반테스Cervantes가 쓴 〈돈키호테〉
는 기대 이상으로 흥미롭고 재미있다. 그런데 주인공 돈키호테가 미친
이유를 알고 있는가?

프랑스 화가 폴 귀스타브 도레(Paul Gustave Doré)가 그린 〈돈키호테〉 삽화(1863).
돈키호테와 로시난테, 산초 판사와 당나귀를 함께 그렸다. 로시난테는 주인처럼 늙고
삐쩍 마른, 인내심도 많고 근성도 있는 말로 돈키호테와 함께 여행하며 갖가지 고난을
함께 한다. 당나귀를 탄 산초 판사는 돈키호테의 하인이다.

조카딸과 가정부는 돈키호테가 밤마다 책을 읽다가 홀딱 미치게 되었음을 알게 된다. 결국 돈키호테가 이상해진 것은 다 기사소설 때문이라며 그의 서재에 있는 모든 책을 불태워버린다.

책에 깊이 빠져본 적이 있는 사람이라면 소설 속 돈키호테의 심정을 이해할 것이다. 기사 소설을 너무 많이 읽은 돈키호테는 자신이 읽은 책에 완전히 매료되어, 읽은 내용 자체가 곧 자신의 생각이자 행동의 근거가 된다. 돈키호테는 사모하는 상상의 여인 '둘시네아'를 떠올리면서 온밤을 지새우기도 한다. 기사들은 숲이나 황야에서 사랑하는 여인을 떠올리는 기쁨으로 몇 날 밤을 지새운다는 책 속의 이야기를 따르기 위해서였다.

작품을 읽어본 이라면 알겠지만, 돈키호테가 위대한 이유는 꿈을 행동으로 옮긴다는 점에 있다. 그는 결과에 연연하지 않으며 실패나 좌절에도 굴복하지 않고 다시 모험을 떠난다.

이러한 돈키호테의 생뚱맞은 모험이 이 책을 소개하는 나에게 일깨워주고 전해준 교훈이 있다. 돈키호테가 자신의 고난을 아무리 좋게 여겼더라도, '이 세상의 좋은 것에는 항상 고통이 따른다'라는 사실이다. 책이 주는 일깨움은 마음에 오래 남아 삶을 살아가는 데 귀중한 지혜를 준다.

그렇다. 돈키호테가 미친 이유는 그가 너무나 많은 기사 소설을 읽었기 때문이지만, '나도 그처럼 책 읽기에 미쳐봤으면…' 결심해본다.

AI에 대체되지 않는 나를 만드는 법

AI 시대에 AI를 다스리며 살 것인가, AI의 종이 될 것인가?

바로 당신의 손끝에 달렸다.

여기 별난 독서로 우리는 기존 강의 위주의 교육과 주입식 수업을 거부함으로써 AI와의 격차를 벌려놓을 수 있다. 절대로 AI에게 대체되거나 지배받지 않는 방법이다. 강의 위주의 교육과 주입식 수업을 받은 사람은 AI를 이길 수 없다. 어쩌면 지금 지닌 일자리마저 AI에게 대체될 수 있다. 앞으로의 강의와 수업은 AI를 이길 수 있는 '별난 형태'로 바꾸어가야 한다.

AI에게 대체되지 않는 나를 만들기 위해서는 돈키호테가 책에 미쳤듯이 손을 사용해 독서를 즐겨야 한다. <u>손끝으로 읽고 쓰고 쥐고 그리며 스토리텔링하는 독서를 해야 한다.</u> 공부도 이렇게 하면 천재머리가 된다.

_ 무엇이 최고의 공부인가?

난 독서 인문학 수업에서 소리 내어 읽고 생각하고 적게 한다. 중요 문장은 필사로 내재화한다. 일상 루틴 과제로 하루 3문장씩 소리 내어 읽고 5번씩 적게 한다. 그리고는 그 문장을 함께 나누도록 한다. 이 것이 찐공부다.

막대한 데이터를 무기로 삼는 AI 시대에 단순한 암기 위주의 교육으로는 최고가 될 수 없다. <u>인간 고유의 역량을 길러내는 창의적 독서와 토론식 수업이 AI에게 대체되지 않는 최고의 공부라 믿는다.</u> 독서 토론은 단순히 읽는 것에 머물러서는 안 된다. 읽고 생각하고 적으면서 자신의 유니크함을 끄집어내 표현해야 한다. 이러한 독서 토론은 그 자체로 AI조차 능히 이기는, AI에게 대체되지 않는 나를 만드는 비밀이다.

<u>책 읽기와 글쓰기는 AI가 넘볼 수 없는 영역이다.</u> 인간 특유의 창의적 생각과 감정을 끌어내는 상상력, 어휘 구사력, 표현력은 AI가 아무리 학습하더라도 절대 따라올 수 없다. 어느 정도 흉내는 낼 수 있겠지만, AI가 범접할 수 없는 인간의 고유 영역이기 때문이다.

Part 2

이것이
AI를 이기는 독서법

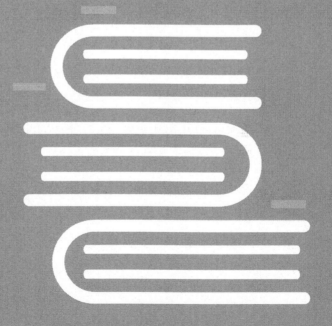

뇌로 읽는
독서법

AI 시대에는 지식과 정보를 기억하거나 외우지 않고 챗GPT에게 요청하면 다 찾아준다. 그러나 4차원 입체적 독서는 인간만이 할 수 있다. 누군가에게 대신 요청할 수 없다.

말하기와 글쓰기는 인간이 살아가는 데 중요한 덕목이다. 사회생활과 취업 시 논리적 말하기와 글쓰기 능력은 필수 요소이다. 여기에 질문의식을 가져야 한다. 이는 AI 같은 기술에만 의존해서 될 일이 아니다. 기본적으로 독서의 토대 위에서만 가능한 창의이다. 글쓰기 훈련의 핵심은 좋은 책, 잡지, 신문의 글을 찾아 읽고 적는 일에서부터 출발한다. AI는 내게 좋은 책을 골라주는 일을 할 수 없다. 좋은 책에서 출발해야 좋은 창작력이 발휘된다. 편집된 정보가 아닌 좋은 책을 고르고 읽는 행위는 오직 인간 고유의 영역이다.

창의 두뇌는 독서에서 나온다. 정치가이자 저술가이며 다재다능했던 벤저민 프랭클린Benjamin Franklin도 의식적인 독서를 통해 글을 썼다고 말했다. 그는 글을 읽고 또 읽은 다음에 메모하며 잘못 쓴 부분을 찾아내 수정했다. 소설가 스티븐 킹Stephen King도 말했다. "꾸준히 책을 읽으면, 언젠가는 자의식을 느끼지 않는다. 많이 읽어라. 잘 쓰게 될 것이다."

_ 4차원 입체 독서법

케임브리지 대학교의 연구 결과에 따르면 인간의 두뇌는 모든 글자를 하나하나 읽는 것이 아니라 단어 하나를 전체로 의식한다. 그래서 우리가 책을 읽을 때는 글자 하나하나를 읽는다기보다는 한 단어, 한 줄, 한 문단을 전체로 인식하며 읽는다.

요즘 치매 증상이 있는 환자들에게 반드시 권하는 활동 중의 하나가 바로 손가락 끝을 섬세하게 놀리도록 하는 것이다. 이유인즉, 뇌를 자극하는 가장 좋은 방법이기 때문이다. 독일 작가 괴테Goethe도 '손은 밖으로 나와 있는 뇌'라고 말했지 않은가. 그렇다면 질문인데, 가로 읽기·쓰기와 세로 읽기·쓰기 중 어느 방식이 뇌의 우뇌 발달오감, 감정, 암기, 상상력, 창의력에 더 효과적일까?

답은 오른쪽에서 왼쪽으로 글을 읽고 쓰는 세로 방식이다.[1]

인간의 뇌는 좌뇌, 우뇌로 이루어져 있다. 그런데 우뇌 지향적인 사람들은 시각, 촉각, 청각적 이미지로 지각하는 것을 선호한다. 개별 정보나 데이터를 부분적이기보다는 통합적으로 받아들인다. 전체 흐름을 더 잘 이해하는 데 능숙하다. 그래서 책을 읽을 때도 우뇌를 더 많이 활용한다.

화가 파블로 피카소Pablo Picasso는 "눈이 아닌 마음으로 본 것을 그렸다"고 말했다. 이처럼 독서는 눈으로만 하는 것이 아니라 마음으로 보고 뇌로 읽어야 진짜다. 뇌로 읽는 4차원 입체 독서법은 AI가 따라 할 수 없는데, 책을 읽는 것이 아니라 보며 이해하기 때문이다. 뇌로 읽는 독서에서는 한 글자를 보나, 한 페이지를 보나 보는 것은 마찬가지다.

나는 오랫동안 뇌로 읽는 독서, 독서 효과를 극대화하는 방법을 연구했다. 그리고 뇌가 입체적으로 읽을 수 있는 읽기 원리를 만들었다.

뇌 읽기에서 활용되는 뇌는 마치 근육과 같다. 많이 사용할수록 튼튼해져 확대된다. 우뇌를 자극하는 가장 좋은 방법은 소리 내어 입체적으로 읽는 것이다. 또, 독서 시 가로 시폭 세로로 읽으면 뇌가 더욱 활성화되어 빠르게 읽어나갈 수 있다.

---

1 보통 '세로 읽기'는 위에서 아래로 읽는 방식을 말하나, 이 책에서는 편의상 오른쪽에서 왼쪽으로 읽는 방식을 '세로 읽기'라 칭한다. 40쪽의 도식을 참고하면 이해하기 쉽다.

대부분 뇌로 읽는 독서법에 대해서는 잘 모른다. 책 읽기를 좋아하는 사람이라도 오랫동안 책을 눈으로만 훑어 읽어왔을 것이다. 어쩌면 '뇌 읽기'를 처음 접하는 분도 있을 수 있다. 한 번에 여러 줄을 세로로 읽거나 행이나 한 단락, 한 문장, 한 페이지를 통으로 읽는 4차원 입체적 읽기 말이다. 말했듯 우리의 뇌는 단어 하나, 한 줄을 떼어 읽기보다는 한 덩어리로 인식하도록 만들어졌다. 뇌 읽기는 이 점을 활용한다. 더욱 놀라운 사실은 입체적으로 읽을 때 더욱 잘 읽힌다.

기적의 가로 시폭 세로로 읽기

독서만큼 뇌를 창의적으로 활성화시키기에 좋은 도구는 없다. 독서는 상상력과 창의력을 키우는 자기계발의 필수 요소다.

이제 여기에서 소개할 실질적인 읽기 훈련법을 통해 뇌로 읽는 능력을 향상시킬 수 있다. 책을 수직으로 세워 입체적으로 읽기도 하고, 거꾸로 들고 읽기도 한다. 훈련 목적으로 책을 45도, 90도, 180도 돌린 상태에서 읽는다. 뇌에 자극을 주는 집중력 훈련을 통해 인지능력을 키우기 위함이다. 인내심을 갖고 뇌로 읽는 4차원 입체적 독서법을 훈련하면 기적의 독서를 즐길 수 있다.

일반 사람들이 글을 한 글자씩, 한 줄씩 읽는다면, <u>4차원 입체 속독법은 시야를 넓혀 지각으로 이해하는 것이다.</u> 행이나 글자 덩어리 단위로 문장을 이해한다. 훈련이 되면 한 번에 3행, 6행, 9행, 많게는 12행으로 읽는다. 한눈에 한 페이지를 읽기도 한다. 핵심 키워드만 보여도 전체가 읽힌다. 어떤 상황에서도 손쉽게 독서를 할 수 있다.

4차원 입체 독서법은 책을 장난감 다루듯이 쥐고 다룬다. 빠른 시야 확대로, 핵심 단어와 그 단어의 앞뒤 문장이 뇌에 들어온다. 거뜬히 한 페이지를 읽어낸다. 손끝이 이끄는 대로 시폭을 확대하여 뇌로 보고 읽는다. 속도가 개발되며 빨라진다.

_ 가로 시폭을 확대해 세로로 보며 읽는 원리

4차원 입체 독서법을 잘 훈련하면 읽기가 획기적으로 달라진다. 한 번에 한 페이지를 이해할 수 있어 내용 이해가 빨라진다.

〈4차원 입체 독서법 시작 전〉
① 책 제목, 주인공, 저자, 차례를 파악한다.
② 책의 내용을 20% 이해한다.
③ 눈으로 행이나 글자 덩어리 단위로 읽는다.
④ 한 페이지의 핵심 키워드, 글의 중심을 읽는다.

가로로 보기

o --⟩ o --⟩ o --⟩ o --⟩ o --⟩ o --⟩ o --⟩ o --⟩ o --⟩ o --⟩ o --⟩ o

o --⟩ o --⟩ o --⟩ o --⟩ o --⟩ o --⟩ o --⟩ o --⟩ o --⟩ o --⟩ o --⟩ o

o --⟩ o --⟩ o --⟩ o --⟩ o --⟩ o --⟩ o --⟩ o --⟩ o --⟩ o --⟩ o --⟩ o

o --⟩ o --⟩ o --⟩ o --⟩ o --⟩ o --⟩ o --⟩ o --⟩ o --⟩ o --⟩ o --⟩ o

o --⟩ o --⟩ o --⟩ o --⟩ o --⟩ o --⟩ o --⟩ o --⟩ o --⟩ o --⟩ o --⟩ o

o --⟩ o --⟩ o --⟩ o --⟩ o --⟩ o --⟩ o --⟩ o --⟩ o --⟩ o --⟩ o --⟩ o

세로로 보기

⟨-- o ⟨-- o ⟨-- o ⟨-- o ⟨-- o ⟨-- o ⟨-- o ⟨-- o ⟨-- o ⟨-- o ⟨-- o

⟨-- o ⟨-- o ⟨-- o ⟨-- o ⟨-- o ⟨-- o ⟨-- o ⟨-- o ⟨-- o ⟨-- o ⟨-- o

⟨-- o ⟨-- o ⟨-- o ⟨-- o ⟨-- o ⟨-- o ⟨-- o ⟨-- o ⟨-- o ⟨-- o ⟨-- o

⟨-- o ⟨-- o ⟨-- o ⟨-- o ⟨-- o ⟨-- o ⟨-- o ⟨-- o ⟨-- o ⟨-- o ⟨-- o

⟨-- o ⟨-- o ⟨-- o ⟨-- o ⟨-- o ⟨-- o ⟨-- o ⟨-- o ⟨-- o ⟨-- o ⟨-- o

⟨-- o ⟨-- o ⟨-- o ⟨-- o ⟨-- o ⟨-- o ⟨-- o ⟨-- o ⟨-- o ⟨-- o ⟨-- o

키워드 독서 계획 세우기

읽은 책	계획	변화
〈소통의 기술〉, 정병태, 한덤북스	1. 인사말 작성하기 2. 3. 4.	하루 세 사람에게 칭찬하기
책의 키워드	ex) 언어, 말, 태도, 칭찬	

AI를 이기는
독서법

이 책은 독서를 통해 사고하고 새로움을 창안하며 똑똑한 뇌를 만드는 법, 나아가 AI를 다스리는 힘을 기르는 법에 중점을 두고 쓰였다.

독서는 새로운 분야를 탐구하고 익혀서 자신만의 창조적인 것을 만드는 과정이다. 읽기를 통해 얻은 것들을 생산적 성과를 내는 자양분으로 삼는다.

이제 AI는 쓰이지 않는 분야가 없을 만큼 사용 반경이 넓어졌다. 그만큼 AI 시대의 독서법은 달라야 한다. 책을 읽고 자신의 생각을 창의 융합하여 말과 글로 표현할 수 있어야 한다. 글의 이면을 깊이 읽어 자신의 생각으로 재생산하는 독서법이 바로 AI를 이기는 독서법이다. 그렇게 AI를 활용할 수 있어야 한다.

AI가 아무리 뛰어날지라도 내가 해야 할 공부를 대신해줄 수는 없다. AI는 규칙적으로 서점을 방문하지 못한다. 뇌로 읽는 4차원 입체적 독서는 아예 할 수도 없다. 고로 지속적으로 책 읽는 습관을 기른, 자주 서점을 들려 독서하는 독서가를 AI는 당할 수 없다. 읽고 싶은 책이 생겼을 때 바로 책을 손에 넣어 독서하는 사람을 당할 수 없다.

단언컨대 독서를 삶의 우선순위로 두면 능히 AI를 이길 수 있다.

다시 강조하지만, AI 시대의 필수 역량인 창의융합을 키우는 독서력을 갖추면 능히 AI를 이길 수 있다. 뇌로 읽는 4차원 입체적 독서법은 집어넣는 읽기가 아니라 끄집어내어 표현하는, 창의융합으로 나아가는 읽기이기 때문이다.

이러한 독서는 살아 움직이는 능력으로, 읽은 것을 진짜 창의적인 내 것으로 만들어준다. 결국 창의융합으로 읽고 사색함으로 능히 AI를 이길 수 있다.

창의 독서

이제 누구든 인공지능과 협업하며 함께 살아가야 한다. MZ세대와 알파 세대들은 말할 것도 없다. 그럼 우리들에게 진짜 필요한 교육이 뭘까? 당연 창의적 독서교육이다. AI 시대의 독서는 단순히 읽기에 머물러서는 안 된다. 끄집어내는 독서를 지향해야 한다. 그리고 창의적 표현독서_{토론, 발표, 창작}로 나아가야 한다.

핵심은 독서를 살아 움직이는 재능의 도구로 활용하는 것이다. 이것이 AI를 이기는 독서법이다.

AI는 기계에 불과하기에 자율적이지 않으며, 창의적이지 못하고, 사고하지 못한다. 정해진 매뉴얼, 정형화된 시스템 안에서 움직이는 기계다.

이러한 AI 시대에 독서를 최고의 교육이라고 말하는 것은 인공 기계들은 새로운 상상력, 창의력을 발휘하지 못하기 때문이다. 텍스트 독서를 통한 차별화된 창의력은 오직 인간만의 고유 가치다. 텍스트를 여러 번 반복하여 접하고, 깊게 생각하면서 읽으며, 때론 정독, 숙독, 미독으로 읽는 차별화된 독서는 인간 고유의 영역이다.

이러한 독서법은 AI가 따라 할 수 없는 인간만의 차별화된 독서로, 인간 고유의 차별성을 더 차별적으로 만드는 창의 독서다. 그러므로 책을 읽을 때는 질문의식을 갖고 논리적, 분석적, 비판적으로 읽는다. 과거 읽었던 방식에서 벗어나 창의적으로 독서한다. 그렇게 하면 겉으로는 보이지 않는 텍스트까지 읽어낼 수 있다.

요즘 예전보다 더 빠르게 독서하는 사람들이 줄고 있다. AI 시대에는 창의 독서를 더 늘려야 경쟁력을 높일 수 있는데 말이다. 그런데 거꾸로 서재, 서점을 보기가 힘들어졌고, 문제는 일상에서 갈수록 책을 멀리한다. 어쩌면 독서의 위력을 모르기 때문이다. 사실 독서하는 삶의 위력은 대단하다. 위기를 극복하게 해준다. 통장에 돈을 저축해놓고 필요할 때 꺼내 쓰듯, 여러 상황에서 엄청난 힘을 발휘한다. 특히 행복한 인생을 만들어주는 지렛대가 되어준다. 그러려면 우선은 독서 습관을 키우는 것이 중요하다. 책을 늘 끼고 다니면서 시간이 생길 때마다 읽는다. 그렇게 어느 정도 독서 습관이 형성되면 어떤 책도 하루에 한 권은 거뜬히 읽을 수 있게 된다.

하루 한 권 독서를 해야 하는 이유는, 차별되는 나만의 경쟁력을 키우기 위함이다. 이는 성공의 최고 지름길일 수 있다.

AI 시대에 생존하여 경쟁력을 갖추려면 필히 핵심 역량인 창의융합으로 나아가야 한다. 그 최고의 방법이 바로 독서와 토론이다. 이는 인간 고유의 차별적인 역량을 길러내는 가장 좋은 도구다. 앞으로의 독서는 실제 생활의 아이디어로, 제품으로, 작품으로, 그리고 자신의 유니크함으로 뻗어나가야 한다. 이것이 내가 집어넣기식 교육과 숙제식 독서가 별 도움이 안 된다고 보는 이유다. 이제 내 안의 것을 끄집어내는, '창의적 표현독서'로 나아가야 한다.

창의적 관점을 갖고 문제 해결력을 키우는 독서가 필요하다. 텍스트 전체와 중요 부분, 저자의 의도와 내용 분석을 통해 전체를 관통하며 흐르는 논점을 알아가는 독서 말이다. 때론 저자의 메시지 흐름을 바꿔보거나 결론을 과감히 바꿔서 읽는다. 이게 바로 AI를 이기는 창의 독서다. AI도 할 수 없는 것이 바로 이렇게 매일 일상의 독서 루틴을 지키며 살아가는 것이다.

입체적 실용 독서

대표적인 입체적 독서법인 오디오북, 전자책, 동영상북 등은 더 똑똑한 뇌를 만들어준다. 더구나 논리적 사고와 창의력_{아이디어를 얻는 힘}, 예리한 판단력을 높일 수도 있다. 실제로 독서하는 방법에 따라 얼마든지 뇌를 더 똑똑한 뇌로 키울 수 있다.

앞으로의 세상은 누구든 AI와 협업하며 살아가야 한다. 젊은 세대와 어려서부터 기술진보를 경험하며 자라나는 알파 세대들은 더 말할 것도 없다. 그럼 미래 산업에서 진짜 필요한 것은 무엇일까?

당연히 창의적인 사색이다. 그 창의적 사색은 독서로 시작한다.

AI 시대 독서는 단순히 텍스트만 읽고 머물러서는 안 된다. 느끼고 사색하여 끄집어내는 독서를 지향해야 한다. 그리고 창의적 표현독서_{토론, 발표, 재생산}로 나아가야 한다. 독서를 재능의 현재화 도구로 활용한다. 이것이 AI를 이기는 독서법이다.

독서는 입력 행위지만 책을 읽고 사고하고 토론하고 쓰며 다양하게 출력하는 행위다. 이를테면 새로운 지식이나 정보를 상대방에게 알려 주거나 설명하거나 발표하는 등의 모든 것이 출력하는 행위다. 독서 노트에 적는 것, 사람들에게 강의하거나 세미나를 하는 것 역시 출력 행위다.

책을 읽고 적극적으로 실천해야 할 출력 행위들은 AI는 할 수 없는 행위들로써 그 실천 활동 목록을 보면 다음과 같다.

독서의 출력 행위

· **서평/리뷰 쓰기**: 서평자의 주관적 판단과 기준을 제시한다.

· **독후감 쓰기**: 책을 읽고 느낀 점과 감상을 적고 나눈다.

· **필사하기**: 책 속 좋은 문장이나 감동적인 문장을 짧게 필사한다.

· **북 세미나**: 책 한 권을 요약해서 발표한다.

· **스피치로 책 소개하기**: 읽은 도서 소개와 중요 내용을 스피치한다.

· **독서 토론하기**: 발제자가 정리한 내용을 두고 토론한다.

· **작가 수업**: 글쓰기 모임에 참여한다.

· **독서 블로그 활동**: 책을 추천하고 독서 동아리 활동을 이끌어간다.

· **기사 쓰기**: 기사나 칼럼을 신문에 기고한다.

독서 모임 활동 예시

〈이달의 추천도서〉

- 셰릴 샌드버그 〈린 인Lean In〉

- 마야 안젤루 〈새장에 갇힌 새가 왜 노래하는지 나는 아네〉

- 피터 드러커 〈나의 이력서〉

- 오프라 윈프리 〈특별한 지혜〉

- 에피티우스 〈철학의 위안〉

* 오프라인 독서 인문학 포럼

jbt6921@hanmail.net / 010-5347-3390

　　독서는 책을 구입하고 펼치는 단계부터 '내가 이것을 읽겠다'는 의지가 반드시 투입되어야 하는 행위이다.

　　눈으로 글자를 좇고, 머릿속으로 의미를 곱씹는 과정을 통해 지식이 체화되고 생각하는 힘이 길러진다. 창의융합적인 사람이 된다.

AI 시대에
살아남는 사람들

AI 기술은 기하급수적으로 발달하며 사람들의 일자리를 위협하고 있다. 반면 AI에 쉽게 대체되지 않는 사람들을 보면 인간 고유의 독서와 사색, 성찰을 하면서 쉬지 않고 자기혁신을 한다. 이들은 독서, 사색, 성찰을 통해 자신을 넘어 보다 새로운 역량을 만들어간다. 되레 AI를 길들여 다스리는 사람들이다.

AI 시대에 가장 먼저 없어지는 것이 강의 영역이다. 일방적인 전달 위주의 교육은 AI에게 대체될 수밖에 없다. 그래서 벌써 앞서 나가는 대학들은 강의 위주의 수업이 아니라 독서, 사색, 토론 형태로 강의 형태를 바꾸고 있다. 주입식 강의로는 AI에게 대체될 수밖에 없음을 알기 때문이다.

독서는 AI가 절대 가질 수 없는 공감 능력을 기르는 일이다. 이는 대화 위주의 토론을 통해 가능하다. 기존 방식의 교육으로는 AI를 다스릴 수 없다. 따라서 그간 추구해왔던 지식교육의 틀을 과감히 공감 능력과 창의성을 기르는 틀로 바꾸어야 한다.

놀랍게도 기존의 강의식 교육을 폐지하고 토론식 교육을 통해 공감 능력을 기르는 교육을 하버드와 스탠퍼드 대학교는 진행하고 있다. 그들은 이미 AI에게 대체되지 않는 나를 만드는 인간 고유의 능력을 기르고 있다.

Part 3

지금,
딱 좋은 타임

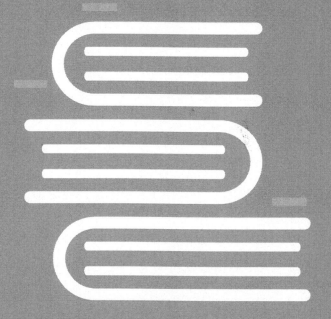

어서 책을 펴자!

영국의 철학자 프랜시스 베이컨Francis Bacon은 말했다.

"책 읽기는 완전한 사람을 만들고, 토론은 부드러운 사람을 만들며, 글쓰기는 정확한 사람을 만든다."

요즘 책 읽는 사람이 점점 줄고 있다. 성인의 경우 하루 독서 시간이 평균 6분으로 책을 가까이하지 않는 실태가 심각하다. 한국 성인의 절반가량은 최근 1년간 종이책을 한 권도 읽지 않았다고 한다.

이 수치를 보고 나는 더 많은 사람들이 항상 손에 책을 지녔으면 하여 '손에 책 들고 다니기 운동'을 펼치고 있다. 늘 책을 가까이하는 생활습관을 통해 독서량이 늘기를 바란다. 책이 몸에 가까이 있어야 읽기가 수월하다. 책 속에는 갖은 해답과 창의적 기회가 있으며, 성공을 만드는 요인이 된다. 게다 책을 읽으면 분위기까지도 있어 보인다. 요즘 사람들이 좋아하는 있어 보이기 위해 선택할 수 있는 가장 쉬운 방법도 독서다.

나는 주로 인터넷 서점에서 전문서적과 문고판 책을 골라 주문한다. 문고판 책은 고전이 많고 가격도 저렴하다. 책이 도착하면 횡재라도 한 듯 기쁘다. 다 읽으면 거드름을 피우고 싶을 만큼 내가 멋진 사람이 된 것 같은 착각에 빠진다.

돌아보니 독서는 더 나은 인간다움을 길러주는 것으로 우리의 삶에 큰 의미를 부여한다. 때로는 놀라울 정도로 나아갈 방향을 명확히 제시해준다. 창의적 사고와 문제를 해결할 돌파구도 책에서 나온다. 독서는 새로운 정보, 지식, 혜안을 모으고 쌓는 가장 쉬운 창구다. 이를 통해 생성된 창의력은 절대로 모방할 수 없다.

책은 세상으로 향하는 문을 열어주는 친구다. 책을 읽는 동안에 책은 나를 인간답게 만드는 생각의 힘을 길러주었다. 무엇보다 세상을 보는 눈이 밝아지도록 나를 지켜주었다.

책의 핵심 파악하기

책을 펼쳐 제목, 부제목, 저자 소개, 프롤로그, 목차 순서로 읽어나간다.
책 전부를 읽지 않아도 저자의 집필 의도와 방향 등 핵심이 드러난다.

이기는
독서 습관

미국의 사상가 랠프 월도 에머슨Ralph Waldo Emerson은 "책을 읽는다는 것은 자신의 미래를 만든다는 것과 같은 뜻이다"라고 말했다.

이는 좋은 독서가 우리의 미래를 만들어준다는 뜻이다. 또한 독서가 다른 사람의 생각을 읽는 일로, 읽은 사람에게 많은 영향을 끼친다는 의미다. 꾸준한 독서는 독자 스스로 생각하게 만들며, 꾸준히 책을 읽음으로 여러 삶의 문제와 지키지 못하는 결심 등 안 좋은 습관을 고치는 마음의 체력을 얻게 된다.

프랑스 철학자 데카르트Descartes가 "좋은 책을 읽는 것은 과거의 가장 훌륭한 사람들과 대화하는 것"이라고 말한 만큼 책에는 수많은 지혜가 담겨 있다. 아니, 실용적 지침들이 가득하다. 그 지혜는 가만히 읽는다고 발견되지 않는다. 책을 읽을 때는 <u>무언가를 얻고 느끼려고</u>

노력해야 새로운 의문을 통해 창의적 생각을 얻으며, 그간 보지 못한 것을 깨닫는다. 이런 점에서 나는 책을 읽는다는 것이 '책과의 대화'라고 생각한다.

'이기는 독서 습관'을 기르는 가장 좋은 방법은 우선 책을 손에 쥐고, 몸에 끼고 생활하는 것이다. 하루의 시작부터 잠들 때까지 지니는 것. 그렇게 짬짬이 책을 읽는다. 어디서든 읽다가 중요 부분에 밑줄이나 동그라미 표시를 하며 여백에 메모도 한다. 다시 틈틈이 독서한다. 이렇게 꾸준한 독서 습관을 들이면, 어느새 독서가 생활의 중심으로 자리 잡는다.

물론 처음엔 매일 의도적으로 읽는다. 곧 그게 습관이 되면 자연스럽게 틈새 시간에 책을 찾아 읽게 된다. 독서는 시간이 남아 읽는 것이 아니라 시간이 없기 때문에 만들어 읽는 것이다. 그래서 나는 '독서 습관'이란 항상 책을 손에 쥐고 다니는 것에서부터 시작된다고 말한다. 당장 많이 읽지 못하더라도 괜찮다. 지니고 있다 보면 책이 자연스레 몸에 배며 익숙해지고, 조금씩 읽다 보면 내용이 체화되어 삶을 이끈다.

_ 선택적 독서법

대한민국의 대표 국어국문학자이며 문화부 장관을 역임한 이어령 교수는 "책을 끝까지 다 읽어본 적이 없다"라고 말했다. 때론 목차와 서론만 읽어도 책 한 권을 읽은 것과 같은 효과가 있다. 누구나 책을 들고 다니다 하루 한 페이지, 또한 중요한 부분을 몰입해 읽다 보면 얼마 후 하루 한 권 독서도 가능해진다. 전체가 아닌 꼭 필요한 부분만 읽는다면 하루 한 권도 거뜬히 읽을 수 있다. 선택적 독서법은 꼭 필요한 정보와 지식을 빨리 파악하여 읽는 독서법이다. 즉, 해당 챕터의 요점을 파악해 읽는 것이다.

일상 속에서 짬짬이, 비는 시간을 남김없이 찾아내 읽는다. 한 권의 책에 담긴 핵심 내용에 집중한다. 독서는 질에 달려 있다. 책 읽기가 많이 힘들다면 책의 처음부터 끝까지 모든 문자를 모조리 읽는 방법은 다음에 시도하고, 처음에는 읽고 싶은 부분부터 읽는다. 내일 같은 책을 펼쳐서도 손과 눈이 가는 대로 읽는다. 새로운 장을 읽거나 어제 미처 잘 읽지 못한 부분을 읽는다. 밑줄 그은 부분을 다시 읽어도 좋다. 필요 없는 부분은 과감히 건너뛰며 읽는다. 하루 조금이라도 꾸준히 읽는다. 이렇게 독서 습관이 진짜 몸에 배면 삶이 바뀐다.

책을 펼쳤다면 책의 중요 키워드가 무엇인지 찾는다. 키워드를 찾으면 핵심도 쉽게 찾아 집중할 수 있다. 키워드를 찾아내는 방법은 쉽다. 먼저 머리말, 서론을 정독한다. 그다음 책 표지, 띠지, 저자 소개 등을 주의 깊게 여러 번 읽는다. 대개 표지에 책의 핵심 메시지를 넣어 홍보하기 때문이다. 그다음 책 속 소제들을 읽으면서 전체 흐름을 파악한다. 그다음 차례를 본 다음 내키는 대로, 읽고 싶은 챕터부터 먼저 읽는다.

이렇게 선택적 독서를 실천하면 독서에 대한 부담이 낮아지고, 독서 생활이 몸에 밴다. 습관을 키워 매일 꾸준히 읽는 것이 중요하다. 독서 시간을 고정해 읽으려고 하지 말고 틈틈이 시간을 활용하여 읽는다. 하루 한 줄이라도, 한 페이지라도, 매일 읽는 것이 중요하다. 독서 습관이 형성되어 몸에 배는 데에는 시간이 걸리기 때문이다.

비판적 읽기 방법

- 책 흐름의 일관성 파악하기
- 책과 저자에게 질문을 던지며 읽기
- 책 정보와 자기 기록을 토대로 연결고리 만들기
- 메모와 질문을 통해 읽으면서 이해하고 감상하기

실천 독서법 요령

하루하루 발걸음을 서둘러 출퇴근길로 향한다. 회사와 집에는 언제나 나를 반갑게 기다리는 좋은 멘토가 나보다 먼저 자리를 잡고 있기 때문이다. 바로 책이다. 이만큼 좋은 멘토가 또 있을까!

책은 내게 각 세기의 가장 위대한 사람들을 원 없이 만나게 해주고, 놀라운 지식과 지혜도 전해준다. 그래서 시간이 남으면 어김없이 미리 준비한 책을 펼쳐 읽는다. 습관처럼 틈틈이 비는 시간을 남김없이 찾아내어 독서를 한다. 이런 태도가 최고의 실천 독서법이다.

독서 시에는 책을 대하는 관점이 중요하다. 흔히 책에서는 필요한 지식만 얻으면 된다고 생각한다. 이러한 생각으로 접근한다면 결코 독서가 유쾌하지 않을 수 있다. 그렇다고 반드시 책을 사거나 소장해야 한다는 말은 아니다. 빌려도 좋지만 삶의 습관으로 존중해야 한다는 뜻이다.

우선, 말했듯 책과 가까워지는 것이 가장 중요하니 책을 손에 들고 다니거나 몸에 끼고 다닌다. 이것이 독서의 시작이다. 처음엔 완독보다도 그저 품고 다니는 것이 더 중요하다. 책을 읽고 안 읽고는 나중 일로 완독에 대한 부담감은 즉시 버린다. 반드시 끝까지 다 읽어야 한다는 규칙도 없다. 설령 사놓고 읽지 않아도, 책꽂이에 꽂아두어도 좋은 독서다. 언젠가 눈에 띄고 보이면 곧 읽을 기회가 생기기 때문이다.

경험담인데, 있어 보이기 위해 책을 들고 다니다 보면, 어느 자리에서든 책의 차례나 서론, 또는 관심이 가는 부분을 슬쩍이라도 읽어보게 된다. 지적 허영심이라고 해도 좋다. 책을 읽고 박식해지고 싶은 욕심이라고 해도 좋다. 원래 이 모든 것이 책이 주는 유익함들이다. 이러한 이유에서 누군가 책을 읽겠다고 말하면 나는 이를 기쁘게 지지해 줄 것이다.

_ 가벼운 실천 독서 요령

나는 강의하는 사람으로서 끊임없이 새로운 지식과 통찰력을 발굴해야 하기에 책을 읽는다. 하지만, 독서 입문자가 처음부터 따라 하기에도 부담이 없는 루틴이다.

처음 독서 활동에 입문했다면 무리하게 많은 책을 읽겠다는 목표를 세워서는 안 된다. 독서 고수나 직업적으로 책을 많이 읽어야 하는 사람이라면 몰라도, 시작부터 독서가 부담거리가 될 필요는 없다. 처음부터 무리한 목표를 세우면 한두 번은 가능할지라도 평생 독서를 실천하기에는 무리가 따른다. 그러므로 이기는 독서법을 실천하기 위해서는 책을 손에 들고 다니면서 틈틈이 읽자. 정독으로 읽기는 그다음이다.

독서는 책을 지니는 일에서부터 시작된다. 일단 소지할 책을 선택하자. 그렇게 틈틈이 하루 10분 이상 책을 읽는다. 부담이 없다.

내 몸이 충분히 독서에 길들면 그때 가서 독서량을 늘린다. 시작은 책을 가지고 다니면서 하루 10분이라도 책 읽기를 실천하는 것이다. 만약 연간 30권의 독서 목표를 세웠다면 분명 그 사람은 작가나 강연자, 아니면 직업상 독서와 매우 밀접한 관계가 있는 사람일 것이다. 그러니 절대 타인의 높은 목표를 부러워하거나 낙담하지 말라.

속독과 정독

원래 인간은 의지력이 약하다. 그래서 반대로 의지력이 강한 사람들이 성공한다. 의지력이 강한 사람들은 모두 책을 가까이했다. 앞으로도 강한 의지력의 소유자들은 책을 읽고 사색하고 적을 것이다. 그리고 어느 분야에서든지 더 수월하게 성공을 거둘 것이다. 바쁜 현대 직장인들에게 자투리 시간을 모아 틈틈이 독서하는 일은 자기계발을 이루는 가장 빠른 지름길이다.

내가 지금까지 존재할 수 있던 힘도 바로 책에서 왔다. 특히 인생의 중요한 갈림길에서 책은 어떤 선택을 할 것인가의 방향성을 잡아주었고, 꼭 필요한 지식과 지혜를 알려주었다. 넓고 새로운 세상을 배우는 데 책만큼 좋은 것은 없다.

독서 실천가이자 기업가, 세계 최고의 부자인 빌 게이츠Bill Gates는 말했다.

"인간에게는 한계가 있지만, 그 한계를 뛰어넘는 것은 독서다. 탁월한 삶을 꿈꾼다면 책을 읽어라."

역시 세계적인 부자이며 투자의 귀재인 미국의 기업가 워런 버핏도 같은 의미의 말을 했다.

"인생을 바꿀 수 있는 위대한 비책은 독서다."

중국 남송의 유학자 주자朱子, 주희의 말은 더 의미심장하다.

"독서는 음식을 먹는 것과 같다. 조용히 잘게 씹으면 그 맛이 오래가지만 시끄럽게 마구 씹어 삼키면 끝까지 맛을 모른다."

나는 특별한 만남이나 강의가 없는 날이면 하루 5~10권 독서를 꼭 실천하려고 한다. 가방에는 항상 책이 가득 담겨 있고, 손에도 책이 들려 있다. 독서가 내 삶에 다양한 기회를 제공해주기 때문에 나로서는 하지 않을 이유가 없다.

처음 독서를 시작하는 사람이라면 부담 없이 월 1권 목표를 갖고 정독보다는 속독으로 시작하라. 시작은 가볍고 여유롭게 하는 것이 좋다. 무엇보다 책을 가까이하는 것이 첫 번째 목표다. 말했듯 최고로 쉬운 독서법의 출발은 '책 지니고 다니기'다. 구매한 책을 몸에 지니고 다니는 것을 생활화한다. 대여하거나 중고로 구매한 책, 전자책, 오디오북도 좋다. 어떤 형태든 읽고자 하는 책을 지니고 다니면서 틈틈이 읽는다. 끌리는 부분부터 읽어도 좋다. 하루 10분도 괜찮다. 꾸준히 읽는다.

책 읽는 방법 5가지

· 정독: 천천히 읽으며 문장과 단어를 곱씹어보는 것

· 미독: 내용을 충분히 음미하면서 읽는 것

· 속독: 빠르게 읽는 것

· 음독: 소리 내어 읽는 것

· 묵독: 눈, 마음, 뇌로 핵심 위주로 읽는 것

_ 속독의 팁

의지력이 강하지 않은 편이라면, 기본적으로 속독을 하고, 읽다가 마음에 들면 이후 정독하는 게 효과적이다. 그러나 의지력이 강하거나 책에 쉽게 몰입하는 사람이라면 처음부터 정독을 해도 좋다.

특히 흥미진진한 소설이나 무협지, 웹툰 등 서사가 있는 작품은 정독으로 접근하는 것이 좋다. 반면 경영, 경제, 인문, 자연과학 등의 책은 정독으로 접근하기보다는 속독으로 읽는 것이 좋을 수 있다. 특히 처음 시도해보는 독서 분야라면 흥미를 붙이기 위해서라도 속독이 도움이 된다.

속독할 때는 대충 쓱쓱 읽으면서 중요 부분에만 밑줄을 친다. 그렇게 읽다 날을 정해서 끝까지 읽는다. 별로면 거기서 끝내고, 정말 좋으면 다시 읽는다.

속독을 간편하게 할 수 있는 팁이 하나 있다. 먼저, 출판사나 서점에서 제공하는 무제한 서비스를 이용해 책을 E-book(전자책) 미리보기로 속독한다. 내용이 좋았다면 종이책을 주문해 다시 정독으로 읽는다.

처음에는 대충 속독하여 일단 끝까지 읽는다. 그리고 내용이 정말 좋으면 다시 정독으로 읽는다. 다양하고 많은 책을 읽고 싶다면 일단 속독으로 시작하라.

독서의
길을 내라

한번 책에 대한 흥미와 호기심이 생기면 그때부터는 누가 읽으라고 강요하지 않아도 때와 장소를 가리지 않고 읽게 된다. 흥미와 호기심이 꼬리에 꼬리를 물어 계속하여 책을 읽는 원동력이 된다. 또, 책이 자체적인 문화 휴식 공간을 만들어준다.

평소 손에 책을 지니고 있다면 어디서든 읽을 기회가 주어진다. 화장실, 식당, 커피숍, 엘리베이터를 기다리는 짧은 순간에도 읽게 된다. 그렇게 한두 문장 읽어가며 흥미와 호기심이 증폭되면 알아서 책을 읽을 만한 환경이 눈에 잘 들어온다. 이제부터는 능동적으로 책을 읽을 수 있는 장소나 환경을 준비하거나 찾게 된다. 책이 잘 읽히는 장소라면 어디에서든 그곳에서 책을 읽는다. 일터에서도 읽는다. 출퇴근 시간을 활용하여 읽고, 집 침대 옆이나 거실 한 곳에 책을 둘 장소를 마련하여 두고 손 가는 대로 읽는다. 자동차 내부에 책을 두고 읽을 수도 있다. 이 모든 것은 차근차근 책 읽는 길을 스스로 넓혀냈기 때문에 가능한 일이다.

　주변 환경이나 상황, 때, 공간과 시간은 책 읽기에 큰 영향을 준다. 따라서 편안하고 책 읽기에 좋은 곳을 준비해두거나 알아두었다가 책을 읽어도 좋다.

　내게는 카페가 책 읽기에 참 좋은 장소다. 책은 커피와 함께 할 때 더욱 잘 어울리는 장르로, 커피와 책은 뗄 수 없는 관계다. 나의 경우 아예 '책 읽는 날'을 정해 책 읽기 좋은 커피숍으로 가 종일 집중적으로 책을 읽는다. 때론 차로 2시간 넘는 거리라도 이동해 카페가 문을 닫는 시간까지 책만 읽는다. 카페가 아니더라도 이미 내가 독서로 길을 낸 숲이나 산책로에서도 독서를 한다. 한번 독서의 길을 내면 책 읽기가 아주 편안하다.

　책을 지니고 다니는 '실천 독서'를 시작하면 책이 쏙쏙 잘 읽히는 장소, 책 읽기 좋은 환경을 책이 찾아 스스로 독서의 길을 낸다. 어쩌면 책 읽기 딱 좋은 장소는 그 자체로 최고의 독서법일 수도 있다.

독서 토론으로
소통하기

책 읽는 사람이 점점 줄어든다고는 하지만, 여전히 직장인들의 자기계발 선호 1순위는 독서다. 문제는 꾸준히 실천하기가 어렵다는 것이다. 독서는 늘 마음의 짐과 같다. 지금이라도 책 읽는 습관을 잘 들이면 주도적으로 독서하는 삶으로 얼마든지 바꿀 수 있다.

직장생활의 주된 업무를 보면 회의, 토론, 보고, 새 전략 구상, 기획, 발표, 설득 등 소통과 관계 맺기의 연속이라고 해도 과언이 아니다. 한마디로 전달력과 설득력을 갖추지 못하면 설 자리가 좁아지는 곳이 직장이다. 독서는 직장생활에 꼭 필요한 능력을 발달시켜주는 최고의 비법이다.

만약 독서하기가 정 힘들다면 독서를 함께할 동료를 만드는 것도 좋다. 요즘은 다양한 독서 토론 모임이 많다. 독서는 배움의 시작이며,

독서 토론은 또 다른 사회적 소통이다. 논쟁이 아닌 소통의 방식을 띠기에 누가 이기고 지는 결과로 나타나지 않는다. 당연히 토론에는 매너와 말주변이 따라야 하며, 섣불리 다른 사람의 말을 끊어서도 안 된다. 한마디로 말하는 만큼 경청에도 능해야 한다. 독서 토론을 하면 독서도 하며, 공감과 소통 능력도 기를 수 있다. 토론은 개개인이 자신의 의견을 상대 혹은 사회와 나누는 장이다. 자신의 의견을 잘 표현하기 위해서는 독서를 통한 교양과 논리력을 기르는 것이 중요하다.

독서 토론은 다양한 사고를 거쳐 이루어진다. 여러 독서 모임을 관찰해보면 다수가 모여 본인이 읽은 책과 감명받은 문장을 조리 있게 소개하며 나눈다. 모임의 장長은 그 시간을 통해 참여자들이 생각을 정리하고 논리적인 글쓰기와 소통 능력을 키울 수 있도록 프로그램을 이끈다. 이러한 과정을 통해 타인에 대한 이해력과 창의적 사고가 기본적으로 개발되기에 토론을 바탕으로 한 '실천 독서'를 적극적으로 추천한다.

영국의 소설가 캐서린 맨스필드Katherine Mansfield는 "같은 책을 읽은 사람들과 어울릴 때 책 읽기의 기쁨은 두 배가 된다"라고 말했다. 이처럼 독서 토론에 참여하면 혼자서 책을 읽고 느끼기에 그치지 않고 같은 책을 같은 시기에 다른 사람과 공유하며 읽는다는 큰 기쁨도 누릴 수 있다.

독서가들은 잘 알겠지만, 책을 고르는 즐거움, 독서의 나눔, 책을 들고 다니는 행복은 누구나 시작하기만 하면 너무도 쉽게 누릴 수 있는 지천에 널린 행복이다. 이 책을 읽는 여러분도 당장 독서를 즐기는 사람이 되어 어제보다 더 행복 가득한 삶을 즐기며 공유하기를 바란다.

Part 4

길 위의
독서법

길
위
의
책

길 위의 철학자, 책을 읽고 있는 에릭 호퍼

언어는 질문을 하기 위해 창안되었다.

대답은 투덜대거나 제스처로 할 수 있지만,

질문은 반드시 말로 해야 한다.

사람이 사람다운 것은 첫 질문을 던졌던 때부터다.

– 평생을 길 위에서 일하며 사색한 미국의 사회철학자, 에릭 호퍼.
  그는 정규교육을 받은 적이 없으며, 평생을 떠돌이 노동자로 살았다.[1]

---

1 이미지 출처: 구글
   http://img.khan.co.kr/news/2012/03/23/l_20120324010029973002 45284.jpg

읽은 책이
나를 만들어간다

요즘처럼 다양한 책이 쏟아지는 시대에는 새로운 지식을 쌓는 것이 창의적인 사고와 문제를 해결하는 열쇠가 된다. 직면한 문제뿐 아니라 미래를 내다보는 선구안도 지니게 된다. 그래서 **"책이 답이다"**라는 말은 맞다.

미국의 작가 토마스 베일리 올드리치Thomas Baily Aldrich는 "사람의 품성은 마음이 어우러지는 친구, 즉 책을 통해서 알 수 있다"라고 말했다. 내가 읽은 책이 나를 만들어간다. 나는 마음만 먹으면 어디서든 이 좋은 친구와 어울릴 수 있다.

책은 나를 새로운 영역으로 넘어가게 도와준 다리였다. 책을 통해 많은 사람을 만나고, 위대한 인물들과 대면할 수 있었다. 아주 오래전 존재한 고전 속 인물들도 만났다. 내게 책은 인생 여정의 출발지였으며, 열띤 토론장이었고, 진지한 인생 수업의 장이었다.

나는 지금 이 시간에도 그리스 신화 이야기 〈일리아스〉, 〈오디세이〉 같은 책 놀이터에서 인생의 새로운 영역을 발굴하고 있다. 고대 서양 미술도 공부한다. 이렇게 책과 놀다 보니, 자연스럽게 내가 누구인지, 내 삶의 가치는 무엇인지와 더불어 앞으로 해야 할 일과 길의 방향을 찾을 수 있었다.

내가 참 좋아하는 고사성어 중 하나가 중국 사서四書의 하나인 〈대학大學〉에 나오는 '격물치지格物致知'다. 뜻은 '모든 사물의 이치를 끝까지 파고들어 앎에 이름'이다. 즉, 어떤 사물이나 원리에 대해 알고 싶다면 그것에 다가가서 내가 가진 모든 열정과 지혜를 총동원하여 몰입해야 하고, 그것에 취하여 가지고 놀다 보면 앎에 이르게 된다는 것이다.

이와 비슷하게 나는 흔히 떠돌이 노동자이며 길 위의 철학자라 불리는 에릭 호퍼Eric Hoffer, 1902~1983의 글귀에서도 큰 감동을 받았다.

"절망과 고통은 정태적靜態的인 요소이다. 상승의 동력은 희망과 금지에서 나온다. 인간들로 하여금 반항하게 하는 것은 현실의 고통이 아니라 보다 나은 것들에 대한 희구希求이다." - 에릭 호퍼, 〈길 위의 철학자〉

여기서 '정태적靜態的'이란, 움직이지 않고 가만히 있는 상태를 의미한다. 바랄 '희希'와 구할 '구求'로 이루어진 '희구希求'는 영어로는 'desire', '바라고 구하다'라는 욕구의 의미이다. 연관된 단어는 '희망希望'이다.

자살에 실패한 길거리 노동자 에릭 호퍼는 지나가는 차가 태워주면 얻어 타겠다는 생각으로 시를 읊으며 길 위를 걷고 있었다. 한참 후 한 운전사가 호퍼에게 어디로 가느냐고 물었다. 호퍼는 목적지 없이 무작정 걷고 있다고 말했다. 운전사는 호퍼를 차에 태웠다. 그리고는 호퍼에게 독일의 철학자 괴테의 말을 인용하여 말했다.

"사람은 목표를 가져야 합니다. 희망 없이 사는 것은 좋지 않아요."

이 말인즉, 희망이 없으면 모든 것을 잃으며, 태어나지 않은 것만 못하다는 의미였다.

그의 말에 충격을 받은 호퍼는 조그만 도서관을 찾아갔다. 운전사로부터 들은 괴테의 〈파우스트〉를 읽고 싶어서였다. 그런데 찾는 책은 없었고, 대신 덴마크의 문학가 게오르크 브란데스Georg Brandes가 괴테에 관해 쓴 두꺼운 책을 발견했다. 그런데 책에서 운전사가 말한 구절을 찾아보니, 그가 잘못 인용한 것이었다. 괴테는 '희망Hoffnung이 없으면'이 아니라 '용기Mut가 없으면'이라고 말했었다.

이렇듯 책도 삶에 대한 호기심과 직접 찾아 읽겠다는 용기가 있어야 읽게 되고, 친숙해진다. 삶에 대한 용기를 가져야 한다. 내가 세운 무수한 희망을 이루려면 행동해야 한다. 그리고 가득 찬 용기로 결단할 때, 행동할 수 있다.

철학사를 살펴보면 참으로 독특한 생애를 보낸 철학자들이 많다. 에릭 호퍼도 이 계보에 끼워줘야 할 듯하다. 호퍼는 삶을 마치 여행객처럼 살았다. 정규교육도 일절 받지 못했고, 낮에는 노동하고 밤에는 도서관에서 빌린 책들로 독학했다. 한곳에 정착하여 살지도 않았다. 그렇지만 어디서든 시간이 나면 책을 읽었다. 내게 그렇듯 그에게도 책은 진정한 인생의 쉼터였다.

길이 있는 책

중국 후한後漢, BC 25~220의 황제 광무제光武帝, BC 4~AD 57는 군대를 이끌고 다니면서도 항상 손에서 책을 놓지 않았다. 이를 뜻하는 '수불석권手不釋卷'[2]이란 삼국지 〈오지〉의 '여몽전呂蒙傳'에 나오는 말이다.

여몽은 오나라의 황제 손권의 권유대로 부지런히 공부하였는데, 싸움터에서조차 손에서 책을 놓지 않았다. 후에 친구 노숙은 박식해진 여몽을 보고는 놀랐다. 노숙이 여몽에게 언제 그만큼 많은 공부를 하였는지를 물었더니, 여몽이 답했다.

"선비가 만나서 헤어졌다가 사흘이 지난 뒤 다시 만날 때는 눈을 비비고 다시 볼 정도로 달라져야만 한다(괄목상대, 刮目相對)."

중국 후한 말기의 위나라 정치가 조조曹操, 155~220도 광무제 못지않

---

2 손 수(手), 아닐 불(不), 놓을 석(釋), 책 권(卷). 손에서 책을 놓지 않음.

게 전쟁 중에도 책에서 손을 놓지 않았다. 또한 늙어서도 배우기를 좋아했고, 글쓰기와 책 읽기로 시간을 보냈다.

철학자 공자孔子, BC 551~479도 〈논어〉 '학이學而' 편 1장 1절, 첫 번째 문장이 공부하고 책을 읽는 것이 군자의 으뜸가는 일이라고 하였다.

"배우고 때때로 익히니 이 또한 즐겁지 아니한가."

(學而時習之 학이시습지 不亦說乎 불역열호)

이러한 현인들이 증명한 것처럼, 나는 성공의 모든 준비 단계로 독서를 꼽고 권한다. 책은 앞을 내다보는 통찰력을 주는 수단이며, 창의적인 사고를 갖게 돕는다. 우리에게 간접 경험을 시켜주며, 여러 기초 지식과 지혜 등의 교양을 체화시켜준다. 그리고 깊은 사색의 길을 모색하게 해준다.

그래서일까? 세계에서 내로라하는 부자들은 모두 독서가였다.

대표적으로 마이크로소프트의 창업자이며 부자 기업가였던 빌 게이츠는 어린 시절 도서관에서 미친 듯이 책만 읽어서 아버지의 손에 끌려 병원에 갈 정도였다. 그런가 하면 손에서 책을 놓는 법이 없었던 테슬라 창업자 일론 머스크Elon Musk는 친구들이 집에 놀러 와도 혼자 독서를 했다. 메타 플랫폼스페이스북의 창업자 마크 저커버그Mark Zuckerberg도 규칙적으로 독서와 생각하는 시간을 가졌다. 투자의 귀재로 불리는 워런 버핏 역시 독서광이었다. 영향력 있는 방송인인 오프라 윈프리도 바쁜 일상 중에도 하루 1시간은 꼭 의도적으로 독서를 하기 위해 시간을 냈다.

여전히 독서력을 갖춘 리더들이 이끄는 회사들은 크게 성장하는 모습이다. 독서력은 앞으로의 일터에서도 큰 경쟁력, 새로운 창의력과 리더십을 발휘하는 발판이 될 것이다.

이번에는 우리나라의 독서가를 살펴보자.

많은 사람이 알듯, 조선의 세종대왕은 한 권의 책을 100번 읽고 쓰는 '백독백습百讀百習'으로 유명하다. 100번 읽고 100번 베껴 쓰는 독서법은 세종을 우뚝 서게 만들었다. 또한 조선 후기 문신 정약용丁若鏞은 **"집안을 일으키는 데는 책 읽는 것만 한 것이 없다"**며 독서에 전념했다. 그는 20년의 유배 생활 동안 500여 권의 책을 집필했다. 실로 엄청난 양이다. 그가 남긴 '과골삼천踝骨三穿'이라는 말이 있다. 다산이 늘 돌부처처럼 앉아 책을 읽고 저술에만 힘쓰다 보니 방바닥에 닿은 복사뼈에 세 번이나 구멍이 뚫렸다는 의미다.

이처럼 일상의 꾸준한 독서를 통해 호기심을 충족하면 그 과정에서 쌓인 지식이 새로운 창의적 지혜로, 나아가 성과로 발휘된다. 더 나아가 책에서 쌓은 간접 경험을 바탕으로 누구도 시도하지 않은 곳을 향해 도전하고 모험하게 된다. 결국 책이 길을 내는 것이다.

남의 책을
많이 읽어라

마르틴 발저Martin Walser는 책과 관련하여 나를 강하게 이끈 독일의 문학가다. 그는 "우리가 읽는 책이 우리를 만든다"라는 유명한 말을 남겼다. 소설가, 극작가, 수필가로서 20편이 넘는 소설과 다수의 드라마, 에세이 등을 써온 명실상부한 독일의 대표 작가이다.

특히 그가 말년인 여든에 쓴 〈불안의 꽃〉은 그의 창작 욕구가 그 누구도 범접할 수 없는 경지에 닿아 있음을 보여준다. 이 작품은 인생의 말년에 이르러 극한의 행복과 절정의 불행을 모두 경험하는 노인의 이야기를 담고 있다. 원제인 '앙스트블뤼테Angstblüte'의 뜻은 영어의 'anxiety불안, 열망'에 가깝다. 이는 전나무가 이듬해 자신이 죽을 것임을 감지하면 그해에 유난히 화려하고 풍성하게 꽃을 피워 올리는 현상을 가리킨다.

이처럼 인생에서 마지막 사랑을 할 때 피는 꽃은 바로 완전한 소멸에 앞서 가장 강렬하게 살아 있고자 원할 때 피어오르는 만개가 아닐까? 이를 마르틴 발저는 멋지게도 '앙스트블뤼테!'라고 표현하였다.

나는 일찍이 서양 철학이 좋아 전공으로 철학과를 선택하였다. 철학과의 첫 수업 첫 번째 과제가 고전 독서였다. 그런데 교수님이 주의사항으로 절대 기계적인 독서를 해서는 안 된다고 하셨다. 그때 과제를 위해 책을 읽다가 그리스 철학자 소크라테스Socrates, BC 470~399가 내게 먼저 말을 걸어왔고, 기계식 독서를 하지 않는 명쾌한 길을 알려주었다.

"남의 책을 많이 읽어라. 남이 고생하여 얻은 지식을 아주 쉽게 내 것으로 만들 수 있고, 자기발전을 이룰 수 있다."

소크라테스는 책을 얼마나 빨리, 많이 읽는가가 아니라 여유를 갖고 자근자근, 충분히 깊이 사색하며 천천히 읽으라고 말해주었다. 때론 거듭 되새기며 비판적 사고를 더해가며 읽으라고. 그가 묻고 답하는 문답식 대화를 통해 아테네 시민들의 생각을 일깨운 것처럼, 스스로 묻고 답하

며 생각하는 힘과 비판적으로 사고하는 힘을 길러야 한다고.

이때의 깨달음 이후로 나는 남에게 묻기 전에 스스로에게 먼저 질문하고 생각하는 독서를 한다. 책에게 말을 걸고 책이 건네는 대화를 누리는 독서 말이다.

말에 꽂혀 책을 쓰다

고대 그리스를 대표하는 철학자인 소크라테스는 생애 단 한 권의 책도 쓰지 않았다. 소크라테스가 남겼다고 알려진 우리가 잘 아는 경구 "너 자신을 알라γνῶθι σεαυτόν, 그노티 세아우톤"조차도 사실 그리스 델포이에 위치한 아폴론 신전 앞마당 돌기둥에 적힌 말이다. 소크라테스는 돌에 적힌 이 말에 꽂혀 자신을 알게 되었고, 그래서 다른 사람들에게도 알리고 다녔다. 실제 "너 자신을 알라"라는 말은 최초의 철학자라 불리는 탈레스Thales의 경구로 알려져 있다.

인간은 동물과 다르며 영혼을 가진 위대한 존재다. 오직 인간만이 읽고 쓰고 사고하며 말한다. 사실 소크라테스의 경우, 그의 말 자체가 책과 다름없었다. 소크라테스는 살아생전 자신의 사상이나 철학을 담은 책을 단 한 권도 쓰지 않았지만, 그의 철학에 깊게 감명한 제자 플라톤Platon, BC 427~347이 고맙게도 이를 저술하여 남겨주었다. 플라톤이 스승 소크라테스의 사상과 삶의 모습을 상세히 기록해놓은 덕분에 그와 관련된 행적들을 접할 수 있다.

_ 소크라테스의 죽음

플라톤이 엮은 '크리톤', '파이돈', '향연' 등이 담긴 〈소크라테스의 변론〉은 인류 역사상 가장 위대한 철학자인 소크라테스의 영혼이 담긴 책으로 꼭 읽어볼 것을 추천한다. 플라톤이 쓴 〈소크라테스의 변론〉에 따르면, 기원전 400년 소크라테스가 법정에 섰을 때 그의 나이는 70세였다.

그의 이야기는 많은 예술가들에게 영감을 주었다. 〈알프스를 넘는 보나파르트(나폴레옹)〉의 화가로도 유명한 신고전주의 프랑스 화가 자크 루이 다비드Jacques Louis David, 1748~1825도 〈소크라테스의 죽음〉이라는 작품을 그렸다. 잠시 이 명화를 감상해보자.

자크루이 다비드, 〈소크라테스의 죽음〉(1786) 뉴욕메트로폴리탄 미술관, 뉴욕

이 작품의 주제는 플라톤의 대화편에서 가져왔다. 소크라테스는 신을 부정하고 타락된 가르침을 전파했다는 이유로 아테네 정부로부터 고소를 당한다. 그는 사상을 포기하는 대신 죽음을 선택했고, 독이 든 잔을 건네받았다. 그리고 슬픔에 빠진 동료와 제자들을 향해 자신의 영혼의 불멸에 대하여 차분하게 설명한다. 침대 위에 똑바로 앉은 그가 근육이 잡힌 상체를 드러내고 이를 열렬히 설명하는 장면은 독특한 인상을 준다. 소크라테스를 둘러싼 많은 사람들 가운데 크리톤 Kriton과 플라톤도 보이는데, 플라톤은 침대 가장자리에 앉아 슬퍼하고 있고, 소크라테스의 가장 가까운 동료였던 크리톤은 소크라테스의 무릎을 쥐고 있다. 크리톤은 소크라테스에게 강력하게 탈옥을 권유하기

도 했다.

중앙에서 왼손을 들어 하늘을 가리키고 있는 소크라테스의 제스처는 참된 진실을 상징하는 것으로, 신에 대한 경외와 죽음을 향한 그의 담담한 태도를 드러낸다. 죽음 앞에서도 정의와 선의 가치를 지키고자 했던 그는 독서에 대해 이러한 말을 남겼다.

"부자가 되려 하지 말고 독서로 더 많은 지식을 취하라. 부는 일시적인 만족을 주지만 지식은 평생토록 마음을 부자로 만들어준다."

사색을 바탕으로 넓은 분야의 독서를 하면 다양한 간접 경험을 얻고 새로운 통찰력을 키울 수 있다. 내가 잘 몰랐던 다양한 분야의 지식과 상상력을 얻는다. 특히 고전을 읽으면 더 그렇다. 현재 사회를 살며 얻은 기존의 고정관념이 깨지며 생각의 파이가 확장된다. 특히 사물과 현상을 깊이 이해하는 공감력, 스스로 묻고 답하며 생각하는 비판적 사고력을 키울 수 있다. 독서는 예나 지금이나, 그리고 미래에도 최고의 성과를 얻게 돕는 가장 손쉬우며 결정적인 투자 방법이다.

역사적으로 성공하고 유명한 사람들도 모두 독서광이었다. 그들은 인생의 모든 답이 책에 다 나와 있다고 말했다. 17세기 프랑스 서양사에서 빼놓을 수 없는 나폴레옹Napoléon, 1769~1821에게 가장 큰 영향을 준 것도 바로 책이었다. 그는 전쟁터에서 지휘봉보다도 늘 책을 손에 지니고 다녔다. 무려 1,000여 권의 책을 싣고 다니며, 이동하면서조차도 책을 읽었다. 한 권의 책을 끝까지 정독하는 자세로 읽었다고 하는데, 전쟁 중에도 시간을 쪼개 틈새 독서를 한 것이다.

그러할진대, 성공을 바라는 수많은 현대인들은 정작 성장을 소원하면서도 하루에 단 한 페이지의 책도 읽지 않고, 사색하는 시간도 갖지 않는다. 인생에 더 높은 가치를 부여할 가장 강력한 방법이 독서라는 것을 알면서도 실천하지 않는다.

소크라테스가 독이 든 잔 앞에서도 결연할 수 있던 것은 평소 그가 사색을 실천했고, 사고의 힘이 그를 단련시켰기 때문이다.

확언하건대, 앞으로도 항상 우리가 손에 들고 있는 책이, 하루에 읽는 몇 페이지의 글이 우리의 인생 여정에서 끊임없이 마주할 문제를 헤쳐 나가는 데 든든한 등대 역할을 해줄 것이다.

독서의 중요성

나는 책을 빨리, 많이 읽으라고 권하지 않는다. 한 권을 읽더라도 섭취하듯 느끼며 읽으라고 권한다. 독서를 강요하거나 재촉하는 순간, 바로 책이 재미없어진다. 독서가 인생의 놀이가 되도록 도와야 한다.

중국의 철학자 장자莊子 '천하' 편에 보면 친구 혜시惠施의 장서를 두고 '남아수독오거서男兒須讀五車書'라고 말한다. 이는 '남자라면 반드시 수레 5대 분량의 책을 읽어야 한다'는 뜻이다. 훗날 당나라 시인 두보杜甫도 자신의 시에서 이 말을 인용하였다.

언뜻 들으면 남자들에게만 부담스러운 말 같지만, 장자는 모든 인간을 가리켜 말했다. 독서가 삶에 미치는 영향이 매우 크다는 것, 독서의 중요성을 말한 것이다.

내 바람도 사람들이 평소 책 읽기를 즐겼으면 한다. 사실 책을 읽는 것보다 더 위력적인 하루 시작 일과는 없다. 책 읽기를 즐겨야 두루 식견을 갖춰 인생의 여러 의문과 문제를 창의적 가치로 확장시킬 수 있다. 또한 더 나은 선택을 통해 더 나은 방향으로 나아갈 수 있다. 그러한 개인이 모이면 우리 사회도 더욱 부강하고 스마트하게 변모한다.

공감이 된다면 이제 하루에 한 페이지씩이라도 책을 읽으며, 느끼고, 적고, 나누는 삶을 실천해보기 바란다. 어쩌면 눈앞에 쉽게 두고 찾지 못하는 최고의 행복일지 모른다. 독서를 만나 당신의 삶에 큰 행운이 가득 찾아들기를 바란다.

정병태 교수의 책 읽고 글쓰기 코칭

- 직장 내 책장 만들기

- 직장인 독서클럽 만들기

- 독서 MBA

- 챗GPT를 활용한 글쓰기 수업

- 베스트셀러 작가 데뷔 수업

- 독서 강사 수업

Part 5

비범함을
만드는 비법

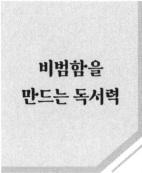

비범함을
만드는 독서력

책은 모든 사람에게 최고로 좋은 벗이다. 요즘 다양한 책들이 홍수처럼 쏟아지지만, 좋은 책을 만나기는 쉽지 않다. 나는 일주일에 한 번은 꼭 시간을 내 서점에 들러 색다른 장르의 책을 찾아낸다. 자신에게 잘 맞고 필요한 책을 만나려면 인터넷만 이용하기보다는 의지를 갖고 좋은 책을 찾아 나서야 한다. 혹 좋은 책을 만나거든 마음에 잘 새겨 인생을 살아가는 데 요긴한 디딤돌로 삼는다.

미국의 철학자 존 듀이John Dewey는 말했다.
"독서는 일종의 탐험이어서 신대륙을 탐험하고 미개지를 개척하는 것과 같다."

예기치 않게 좋은 책을 찾아냈을 때의 기쁨은 보석을 찾은 것과 같다. 그 책은 몸에 끼고 다니며 읽고 또 읽는다. 밑줄을 긋고 소리 내어 읽고는 중요한 문장은 필사해둔다. 다시 정독으로 반복 독서를 한다.

중국 송나라의 시인이자 문장가인 왕안석王安石은 〈학문을 권하는 글〉에서 이렇게 읊었다.

> 가난한 자는 책으로써 부유해지고
> 부유한 자는 책으로써 귀해진다.
> 어리석은 자는 책으로써 현명해지고
> 현명한 자는 책으로써 이익을 얻는다.
>
> 좋은 책은 좀처럼 만나기 어렵고
> 좋은 책은 진실로 얻기 힘드네.
> 부디 권하노니 책 읽는 사람들이여
> 좋은 책은 꼭 마음에 새겨둘지어다.

또, 그는 독서의 중요성을 강조했다.
"금을 팔아 책을 사 읽어라. 책을 읽어두면 금을 사기가 쉬우리라."

나 역시 책 사는 데 드는 돈을 아끼지는 말라고 권하고 싶다. 그의 조언을 마음에 새겨 실천하기를 권한다.

다독가들과의 만남

그토록 유명한 "내 사전에 불가능은 없다"라는 말을 남긴, 전쟁 영웅 나폴레옹은 29세의 나이로 이집트 원정 사령관이 되어 전쟁터에 나가서도 1,000여 권의 책을 가지고 다니며 막사에서도 틈만 나면 책을 읽었다. 심지어는 말 위에서도 책을 읽었다. 그는 "나는 독서할 시간 때문에 다른 일을 할 시간이 없다"라는 말을 남겼다.

〈악마의 시〉를 쓴 인도 출신의 영국 소설가 살만 루슈디Salman Rushdie는 "한 권의 책은 세계에 대한 하나의 버전이다"라고 말했다.

1981년 광화문에 교보문고를 창업한 신용호 회장은 "사람은 책을 만들고 책은 사람을 만든다"라는 멋진 명언을 남겼다. 그는 '1,000일 독서계획'을 세워 열흘에 한 권씩 총 100권의 책을 읽었다.

난 이들의 말에 큰 깨달음을 얻어 열렬한 독서가가 되었다.

본격적인 소통의 시대에 창의적이고 능숙한 작업 성과를 내려면 기본적으로 다양한 분야에 대한 독서력을 갖춰야 한다. 독서는 평범한 사람을 비범한 사람으로 만들고, 풍요로운 삶을 선물한다.

거의 모든 사람이 독서가 유익하다는 점에는 동의할 것이다. 꾸준한 독서는 단순한 지식 습득과 자기계발을 넘어 삶의 영역을 더욱 넓혀준다. 나의 편협한 생각을 증진하여 다양한 시각을 갖게 해준다. 가장 큰 변화는 타인을 존중하는 배려심이 생겨 소통 능력과 공감 능력이 좋아진다는 것이다. 당연히 지적 자극과 창의적 아이디어를 얻게 되며, 하고자 하는 일의 범위와 능력도 더욱 확장된다.

세상에서 가장
아름다운 품격

닦을 '수修'라는 글자에는 '거울을 닦다'라는 뜻이 있다. 고대의 청동 거울은 닦지 않으면 시퍼렇게 녹이 슬었고, 부지런히 닦아야만 사물을 올바르게 비추었다.

이를 '수기修己'에 적용하면, '자기己의 인격을 닦는다修'는 의미다. 즉, 우리의 마음도 날마다 닦지 않으면 더러워져서 사물을 올바르게 판단하지 못한다는 의미를 내포하고 있다. 닦을 '수修'의 진정한 뜻이다. 그렇다면 나는 내 마음을 올바른 판단과 통찰력으로 채우기 위해 무엇으로 수기하고마음을 닦고 있는가?

18세기의 영국 귀족들은 고전을 읽어야만 교양인이며, 프랑스어를 할 줄 알아야만 품위가 있고, 유럽의 세련된 매너를 익혀야만 신사, 숙녀라고 생각했다. 또, 유명한 미술 작품들을 제대로 감별할 줄 알아야 기품 있는 귀족으로 인정받았다.

지금의 '수학여행修學旅行, 배움 나들이'의 기원도 18세기 영국 귀족 사회에서 찾을 수 있다. 귀족의 자녀들을 데리고 여러 유럽을 여행하며 그 나라의 기술과 산업, 역사와 철학 등을 공부했던 여행이 바로 '그랜드 투어Grand Tour'다.

이는 교육의 최종 단계로서, 어린 청년이 자신보다 나이가 많은 교사와 함께 프랑스와 이탈리아 등을 여행하는, 18세기 유럽에서 가장 두드러지게 나타났던 관행이다. 이 수학여행 기간은 자그마치 3년이었다. 여러 나라를 돌며 그 나라의 문물을 경험하며 배웠고, 손에는 고전을 사서 들고 다녀야 했다. 이때 꼭 빠지지 않는 과정이 있었는데, 바로 그 지역의 유명한 대가들을 만나 대화를 나누는 일이었다.

영국 스코틀랜드 출신, 경제학의 아버지인 애덤 스미스Adam Smith도 당시 영국 재무장관이었던 찰스 타운젠드Charles Townshend의 아들과 함께 그랜드 투어를 떠났다. 프랑스 여행 도중 프랑수아 케네François Quesnay 등의 중농주의자유방임주의를 접한 스미스는 귀국 후 〈국부론〉을 집필했다. 고전 경제학의 대표 이론가로 그의 영향력은 지금까지도 생생히 살아 있다.

책과 함께 문물을 탐방하는 수학여행은 행복한 사회 수업이자 사람에게 꼭 필요한 품격을 갖추는 과정이었다. 독서와 체험을 결합한 현장 수업이자 삶의 가치를 체득하는 귀한 수업이었다.

_ 세계에서 가장 오래된 대학

중세 볼로냐 대학의 수업 장면

1088년 이탈리아 에밀리아로마냐주에 설립된 볼로냐 대학교 Università di Bologna는 세계에서 가장 오래된, 세계 최초의 서구식 대학이다. 당시 유럽 전역에서 열정 가득한 청년들이 푸른 꿈을 안고 몰리는 곳이었다. 가난한 청년들은 십시일반 돈을 모아 법률, 논리학, 수사학, 의학, 신학, 철학 등 전문가를 초청해 공부했다. 이렇게 세계 최초의 볼로냐대학이 탄생했다. 당시 대학의 모토는 "성 베드로는 법의 아버지이고, 볼로냐는 어머니이다"였다.

헤겔의
반복 독서법

내가 철학을 전공하기는 했지만, 게오르크 빌헬름 프리드리히 헤겔 Georg Wilhelm Friedrich Hegel, 1770~1831의 책은 참 소화하기가 쉽지 않았다. 일주일간 끙끙대며 절반은 의무감으로 읽었다. 그렇다 보니 이해하는 과정이 힘들었다.

헤겔은 18~19세기 프로이센의 철학자다. 그는 칸트Kant, 피히테 Fichte, 셸링Schelling 등의 독일 관념론 철학을 계승해 완성시켰다.

위대한 사상가 헤겔의 인문고전 독서법은 '반복 독서'였다. 그는 특히 고대 그리스 사상가들의 저작을 반복적으로 읽으며 자신의 사상을 형성해나갔다. 읽고 또 읽고 다시 읽으며 내용을 파악했다. 그런데 나는 그러한 헤겔의 책을 의무감으로 읽었다.

'반복 독서'를 실천한 이는 헤겔뿐만이 아니다. 독일의 철학자이자 수학자인 라이프니츠Leibniz가 세상에 공개한 독서법은 매우 간단한 것으로 정치, 종교, 역사, 문학 등 각 분야의 대표적인 책을 그 이치를 터득할 때까지 반복해 읽는 것이었다. 또 미국의 정치가 벤저민 프랭클린은 어린 시절 아버지의 서재에서 엄청난 부피의 〈플루타르크 영웅전〉을 발견하고서 틈날 때마다 반복해서 읽었다. 이후 반복 독서는 그의 중요한 독서 습관으로 자리 잡았다.

자신에게 중요한 내용이라면 반복해서 쓰는 것도 좋다. 평생 읽고 쓰는 일을 게을리하지 않았던 다산 정약용 선생은 매일 새벽마다 고전을 몇 쪽씩 베껴 쓰는 일을 반복적으로 실천했다.

이제 막 출발하려는 독서가라면 과거의 나처럼 단 한 권이라도 절대 의무감으로 읽어서는 안 된다. 처음부터 지나치게 어려운 책을 읽기보다는 스스로 이해하고 받아들이기 쉽고, 흥미를 끄는 책부터 읽기 시작해야 한다. 그래야 반복적으로 읽는다. 다시 읽게 된다.

교육의 저변에는 언제나 독서가 있다. 조선의 제22대 왕 정조正祖는 〈맹자〉의 책을 수십 번 반복해서 읽었고, 중요한 내용을 따로 뽑아서 책으로 만들었다. 시인 단테Dante는 유랑 생활 내내 보이티우스의 〈철학의 위안〉을 반복해서 읽었다.

여러 천재들이 가장 선호한 독서법은 원전을 처음부터 끝까지 한 글자도 남김없이 정독하고 그대로 베껴 쓰는 것이었다. 더불어 독서 후

요약, 서평을 통해 나눔을 가지는 것이었다. 잘 보이는 곳에 여러 권의 책을 한꺼번에 준비해놓고, 동시에 읽었다. 이러한 독서법은 한 사람을 비범함으로 이끌었다.

반복 독서 후에는 필히 성찰적이며 생산적인 수행 과정이 뒤따라야 스마트한 인재로 거듭날 수 있다. 또, 한 회 시도에 그치는 것이 아닌 꾸준한 반복 독서를 지향해야 한다.

천재들의 독서법 실천하기

아래에 천재들이 강조해온 독서법이 무엇인지 적어보자.

이 책에 소개된 것 이외에 자신에게 잘 맞는 독서법을 찾아봐도 좋다.

그다음 그 독서법을 실천하고는 변화된 자신의 삶에 대해 이야기를 나눠보자.

비범함을
만드는 원리

흔히들 "천재는 타고나는 것이 아니라 만들어진다"고 말한다. 나도 하나의 문장을 만들어보았다.

천재는 후천적인 독서 습관으로 키워질 수 있다.

계속 강조하듯 확고한 믿음을 가지고 다양한 분야에서 일관성 있는 독서 습관을 유지한다면 분명 비범한 사람이 될 수 있다. 이 세상에서 일어났던 일대의 혁명들을 곱씹어보면 대부분 기존의 판, 패턴, 규칙에 얽매이지 않고, 자유롭게 생각하고 호기심과 창의력을 발휘하는 사람들에 의해 시작되었다. 창의융합의 대가인 스티브 잡스Steve Jobs, 1955~2011의 경우도 그랬다.

천재 기업가였던 미국 애플사의 창업자 스티브 잡스는 록 가수 비틀스The Beatles와 밥 딜런Bob Dylan의 광팬이었다. 그가 아이팟과 스마트폰을 만든 것도 음악을 즐기는 인간의 보편적 욕구를 정확히 꿰뚫고 있었기 때문이었다. 그렇다면 학창 시절, 그는 어떠한 사람이었을까?

그는 학창시절 내내 한마디로 사고뭉치였는데, 장난이 심해 많은 사람을 곤란하게 했다. 한번은 교실에 뱀을 풀어놓기도 했다고 한다. 학교에서 내주는 숙제를 하지 않는 것은 물론이고, 선생님께 대드는 것도 일상이었다. 하지만 그에게는 남다른 강점이 있었는데, 바로 문학작품을 좋아했고, 인문학적 사고를 통해 자신이 좋아하고 잘할 수 있는 것이 무엇인지, 어떤 삶을 살아야 하는지를 분명하게 알고 있었다는 점이다. 그때부터 그는 별나고도 창의적인 생각을 현실에서 구현해내려고 애썼다.

후에 잡스는 명문대인 리드 칼리지Reed College에 입학했다. 하지만 예상과는 달리 재미없는 수업에 자퇴하고는, 자신의 흥미를 끄는 과목을 택하여 청강하기 시작했다. 그는 현장 중심의 학습을 선호했다.

창의적인 수업을 갈급했던 잡스는 친구의 기숙사 바닥에서 잠자고, 콜라병을 팔아 마련한 돈으로 생활비를 해결했다. 일요일이면 수도원에서 주는 무료 급식을 먹었다. 스티브 잡스가 이룬 성과를 생각하면 쉽게 상상이 되지 않는 모습이다. 어려운 생활이었지만, 그는 배움의 끈을 놓지 않았다. 잡스는 자신의 인생철학을 알 수 있는 말을 여럿 남겼다.

"애플은 기술과 인문학의 교차점에 존재하는 것이고, 그것이 애플을 끌고 가는 정신이다."

"만약 소크라테스와 함께 오후를 보낼 수 있다면 우리 회사의 모든 기술을 그것과 바꾸겠다."

그가 통합적 사고력과 인문학, 철학을 얼마나 중시했는지 알 수 있다. 이렇듯 새로운 창의융합의 성과란 다른 사람과 비슷한 방식과 생각을 통해서는 이룰 수 없다. 남들과 다른 나만의 삶의 방식이 필요하고, 그것이 기초가 되어야 한다. 이를 절실히 찾아가는 과정에서 만나는 것이 바로 독서다.

독서는 자신의 내면과 나누는 대화로 세상과 인간의 근원적인 문제들을 탐색하게 한다. 나는 특히 내게 주어진 삶의 반경 안에서는 쉽게 접할 수 없는 다른 분야의 독서를 즐긴다. 다른 사람에게도 기회가 있다면 다양한 분야의 책을 읽으라고 권한다. 바른 독서란 여러 분야의 책을 광범위하게 읽고 내재화하는 독서다. 그래야 비범한 성과를 낼 수 있다. 알고 싶은 것만 공부해서는 세상을 이해할 수 없다.

페이스북의 창업자 저커버그도 고등학생 시절부터 서양 인문고전에 푹 빠져 살았다. 심지어 그리스 라틴 고전을 원전으로 읽는 것이 취미였다고 한다. 이렇듯 창의력과 상상력의 밑바탕에는 언제나 독서가 있다. 러시아의 교육가인 안톤 마카렌코Anton Makarenko가 "천재란 교육의 위대한 성과"라고 말한 것은 우연이 아니다. 독서가 천재를 만든 것이다.

중요한 것은 무조건 닥치는 대로 하는 독서가 아니라, '실천하는 독서', '의지를 담아 하는 독서'다. 의지를 담아 실천하는 독서는 지혜와 통찰력을 길러 미래를 끌어가는 창의적 사람을 만들어준다. 미국의 소설가 마크 트웨인Mark Twain은 "좋은 책을 읽지 않는다면 책을 읽는다고 해도 문맹인 사람보다 나을 것이 없다"라고 말했다.

영국의 시인 존 드라이든John Dryden은 "처음에는 우리가 습관을 형성하지만, 나중에는 습관이 곧 우리를 형성한다"라며, 습관의 중요성을 강조했다. 앞서 소개한 교보문고의 창업자 신용호 회장이 남긴 명언처럼 "책이 사람을 만들"기 위해서는 먼저 독서가 습관이 되어야 한다. '좋은 독서 습관'은 위대한 비범함을 만든다.

천재교육법의 원리는 다음의 3가지 요인으로 이루어져 있다.

1. 창의적 독서
2. 창의적 습관
3. 창의적 사고

위 3가지 요인을 반복하며 삶에서 꾸준히 실천하면 충분히 스마트한 인재로, 천재다운 비범한 삶으로 나아갈 수 있다. 더불어 자신의 스마트함으로 타인과 세상에 도움을 주는 혁신적인 성과를 낼 수도 있다.

그러기 위해 하루하루 팍팍한 일상 속에서 단 10분이라도 책을 읽으며 즐거움을 만끽해보자. 하루 30분의 독서는 기적을 만든다.

책으로 스승 만나기

나는 평소 존경하는 일본 교세라의 창업주이자 '경영의 신'이라 불리는 이나모리 가즈오Inamori Kazuo의 경영철학을 좋아한다. 일본에서 가장 존경받는 경영자 중 한 명인 그가 은퇴 후 편안한 삶을 즐겨도 될 시기에 도전을 멈추지 않는 것을 보고 나 역시 큰 도전을 받았다. 그는 파산한 일본항공JAL에 구원투수로 투입돼 1년 만에 회사를 회생시켰다. 모든 사원이 개인의 능력을 최대한 발휘하여 중소기업 경영자처럼 생각하고 행동하게 만들었다.

나는 존경에 멈추지 않고 이나모리 가즈오의 책을 모두 구입해 시간이 날 때마다 읽고 작은 나눔의 시간을 가졌다. 그렇게 그의 인격, 열정, 살아가는 방식을 비롯한 모든 것에 영향을 받았다. 책으로 스승을 만나고 인생의 태도를 점검하여 삶이라는 실무에 활용하고 있는 것이다. 여러분의 삶의 스승은 누구인가?

의외의 스트레스 해소법 1위

영국 서섹스대학교 인지심경심리학과 데이비드 루이스David Lewis 박사 팀의 연구 결과에 따르면 독서, 산책, 음악 감상, 게임, 커피 마시기 등 스트레스를 풀기 위한 방법으로 흔히 떠올리는 활동들 중 가장 효과가 좋은 것은 바로 '독서'라고 한다. 많은 사람이 독서를 어렵고 힘겨워하는 것과는 다른 의외의 재미있는 연구 결과다. 연구에 따르면 6분 정도 책을 읽으면 스트레스가 68퍼센트 감소하고, 근육 긴장이 풀어지며, 심박수가 낮아진다고 한다.

여러분의 스트레스 해소법 1위는 무엇인가?

독서는 사람을 성장하게 하고 어떤 삶의 위기에도 넘어지지 않게 붙잡아주는 강력한 도구다. 그래서 책을 읽는 사람은 수많은 고비나 위기에도 쉽게 좌절하지 않는다. 여기에 스트레스 감소 효과까지 있다니 더욱 독서가 즐겁다.

아래에 자신이 스트레스를 해소하는 데 가장 좋다고 생각하는 방법 한 가지를 적어보자. 또, 데이비드 루이스 박사팀의 연구 결과에 따른 스트레스를 해소하는 데 가장 좋은 방법 1위인 독서 활동의 긍정적인 경험에 대해 적어보자.

_____

_____

_____

_____

_____

_____

_____

_____

_____

_____

_____

* 찾아가는 독서 인문학, 하루 30분 독서 운동 프로젝트 참여하기
이름을 적고, 다음의 메일로 신청하기: jbt6921@hanmail.net

Part 6

천재가 되는
비밀

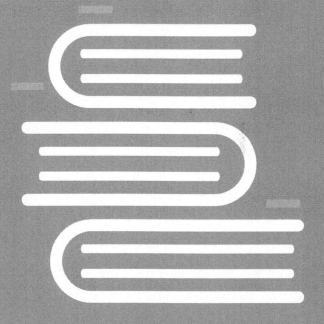

최강의 교육법

사회적으로 큰 업적을 이룬 유명한 사람들을 대상으로 한 가지 조사를 벌였다. 그들에게 다음과 같이 질문했다.

"어린 시절에 어떤 것이 당신의 삶에 가장 큰 영향을 주었나요?"

이 물음에 가장 많이 나온 공통적인 대답은 '부모님이 읽어주신 책'이었다. 이렇게 책 속 이야기를 일찍 접한 아이들은 어른이 되어서도 계속 책을 더 많이 읽는 경향이 있다. 무엇보다 이를 통해 상상력이 풍부해지고 견문이 넓은 사람으로 자란다. 그래서 어릴 때부터 하는 독서는 최강의 교육이다.

사람마다 행복할 때가 다 다르겠지만, 나의 경우는 책을 읽을 때 가장 행복하다. 미국 태생의 소설가 포리스트 카터Forrest Carter의 작은 고전 〈내 영혼이 따뜻했던 날들〉은 세대를 이어오면서 전해 내려오는 인

디언들의 삶의 지혜를 담은 책이다. 이 책을 읽은 후, "자신이 가치 있는 존재라고 느끼는 것이 중요하다"는 구절이 오래도록 나의 마음에 남았다. 또, 공지영 작가도 좋아하는데 그의 책 중 제목에 이끌려 읽은 자신의 딸에게 전하는 〈네가 어떤 삶을 살든, 나는 너를 응원할 것이다〉에는 이런 내용이 나온다.

> '어떤 남자를 만나야 돼?'
> 하는 물음에 10자 이내로 대답하라고 하면,
>
> 엄마는 우선 이런 이야기를 할 수 있어.
> '잘 헤어질 수 있는 남자를 만나라.'

이처럼 책 속에는 삶의 지혜가 만연하다.

흔히 세상에는 두 종류의 사람이 있다고 한다. '읽는 사람'과 '읽히는 사람'. 당연히 읽히는 사람이 되지 않으려면 먼저 읽는 사람이 되어야 한다. 그래서 미래학자 앨빈 토플러Alvin Toffler 또한 읽는 자가 되기 위해 매일 전 세계 신문 7종을 읽었다고 한다.

중국 수隋나라 때 최표崔儦라는 사람은 자신의 방문 앞에 다음의 글을 큰 글씨로 써 붙여두었다.

不讀五千卷書 毋入此室

부독오천권서 무입차실

이는 '책 5,000권을 읽지 않은 사람은 이 방에 들어오지 말라'는 뜻
이다. 결국 독서도 고진감래苦盡甘來, 고생 끝에 즐거움이 온다와 같다. 처음에는
힘들지만 책과 친해져 읽다 보면 재밌고 삶의 활력이 된다.

독서는 다다익선多多益善, 많이 할수록 더 많은 능력을 발휘할 수 있다이라는 말과 가
장 잘 어울리는 행위다. 평소 조금씩 잘 축적해놓는 것이 중요하다. 좋
은 독서가는 넓고 얕게 접할 책과 좁고 깊게 읽을 책을 함께 적절히
잘 활용한다.

책을 읽어라, 그렇지 않으면 멍청한 후손들이 대를 잇게 될 것이다.

– 중국 속담

아들을 최고의 천재로 기른 비법

흔히 '독일' 하면 맥주, 아우토반, 베토벤, 히틀러, 아우디Audi, BMW 등이 떠오른다. 나의 경우엔 여기에 괴테, 칼 비테Karl witte, 1748~1839 가 추가된다. 독일이라는 통일국가는 1871년 빌헬름 1세Wilhelm I, 1797~1888, 프로이센의 국왕가 황제가 되면서 '독일제국'이라는 이름으로 처음 쓰였다. 그 이전에는 동맹국가들로 맺어진 '독일연방1806~1871'이라는 이름으로 불렸다.

독일은 962년부터 1806년까지 800여 년간 신성로마제국 시기를 보냈으나 나폴레옹 군에 의해 무너져 해체되고, 1806년 붕괴된 신성로마제국 연방국가들을 모아 1815년 현재의 독일, 오스트리아, 룩셈부르크 지역을 포함하여 성립된 국가가 '독일연방'이다.

이러한 역사와 함께 인문학 공부를 통해 나는 '독일' 하면 말했듯 천재로 불리는 위대한 작가 '요한 볼프강 폰 괴테'와 함께 천재 교육가 '칼 비테'가 가장 먼저 떠오른다.

아버지 칼 비테와 아들 칼 비테 주니어

독일의 교육학자이자 목사이던 칼 비테의 아들 칼 비테 주니어Johann Heinrich Friedrich Karl Witte, 1800~1883는 지금으로부터 대략 200여 년 전, 발달 장애아로 태어났다. 하지만, 칼 비테는 자신의 아들을 명실상부한 최고의 천재로 키워냈다. 아버지의 극진한 교육을 받으며 성장한 칼 비테 주니어는 9세에 6개 국어에 능통했고, 10세에는 무려 라이프치히대학교에 입학했다. 13세에 최연소 철학 박사가 되었고, 16세에는 하이델베르크 대학교에서 법학 박사학위를 취득했다. 그는 지금까지도 기네스북에 '세계에서 가장 어린 박사 학위' 소지자로 남아 있다.

칼 비테는 자녀교육에 있어 타고난 재능보다 후천적인 인성교육을 더 중시했다. 누구에게나 사랑받는 인성을 갖춘 자녀가 되도록 전인적인 인성교육에 힘썼다. 아들의 사교성을 길러주었고, 경청하는 태도를 가르쳤다. 칼 비테는 인격과 건강을 최우선시했다. 지금은 이러한 교육법이 익숙하지만, 당시로서는 독창적인 방법이었다. 그는 이러한 교육법으로 미숙아로 태어난 아들을 최고의 천재로 키워냈다.

'9세, 6개 국어 능통'
'10세, 대학교 입학'
'13세, 최연소 철학 박사'

요즘 부모들이 놀라워할 스펙이다. 그러나 그보다는 자녀를 사랑으로 길러낸 그 아버지의 시대를 앞서간 자녀 교육법에 더욱 감탄하게 된다. 그의 자녀 교육법의 핵심이 바로 전인적인 인성교육이라는 것에 또 한 번 도전을 받는 것이다.

칼 비테는 호기심과 상상력 자극이 굉장히 중요하다고 생각해 수많은 동화, 이솝 우화, 신화 등을 아이에게 반복해 읽어주었다. 한마디로 독서로 자녀를 키웠다. 이렇듯 독서는 지나치도록 유익하다. 특히 인문고전 독서력은 생존하며 성장하는 자녀에게 큰 보탬이 된다.

빌 게이츠의
창의적 독서 습관

지금 시대는 무서울 정도의 초경쟁 시대, 모두가 정보의 최전선에서 활동하는 전쟁터와 같다. 그런데 그중에서도 가장 최전선의 지휘관이어야 할 CEO들이 책을 읽지 않는다고 한다. 시대에 맞는 전략과 전술을 어떻게 발휘할지 참 걱정이 된다. 그런데 반대로 여전히 참 무서운 독서광 CEO들도 많다. 이를테면 마이크로소프트사의 창업주인 빌 게이츠는 "독서 습관이 나를 부의 물결에 올라타게 해주었다"라고 말했다.

또, 그는 한 인터뷰에서 성공의 요인을 묻는 질문에 이렇게 답했다.

"창의적 독서를 하라."

그의 말 한마디, 한마디는 일찍이 내 가슴에 깊게 꽂혔다.

"오늘의 나를 있게 한 것은, 우리 마을의 도서관이었다. 하버드 졸업장보다 소중한 것이 독서하는 습관이다."

책 읽는 빌 게이츠[1]

들고 있는 책은 투자의 귀재 워런 버핏이 빌 게이츠에게 처음 빌려준 책으로 유명한 〈경영의 모험 (Business Adventures)〉이다. 그는 "워런이 빌려준 지 20년이 넘었고, 출판된 지는 40년이 지난 오늘날에도 〈경영의 모험〉은 내가 읽은 최고의 비즈니스 책이다"고 말한다.

여전히 세상에서 가장 바쁜 사람 중 한 명인 빌 게이츠는 매일 밤 한 시간씩 독서를 한다. 이러한 꾸준한 독서 습관으로 일주일에 1권가량의 책을 읽는다. 이것이 지금의 그를 만들었으며, 그가 여전히 영향력 있는 인물인 요인이다. 기하급수적으로 발달하는 AI도 이런 사람은 감당할 수 없다.

빌 게이츠의 독서 습관을 보면 늘 책 여백에 빽빽이 필기를 하거나 별도의 필기 노트를 옆에 두고 정리하면서 읽는다. 여백에 자신의 생각을 메모하다 보니 책을 천천히 읽는다. 새로운 지식이나 정보를 끊

---

1 이미지 출처:
   https://www.wsj.com/articles/bill-gatess-favorite-business-book-1405088228

임없이 자신의 지식과 연결시킨다. 그리고 선택한 책은 시간이 걸려도 끝까지 완독한다. 그렇기 때문에 책을 고를 때, 끝까지 읽을 만한 가치가 있는 책을 신중히 선택한다.

또, 하나의 독서 원칙은 책 읽는 시간을 정해놓고 독서한다는 것이다. 주말에는 집중적으로 책을 읽는다. 매년 휴가를 내고 책을 읽기 위한 여행을 떠나기도 한다.

어릴 적 빌 게이츠는 독서와 긍정적인 생각을 가장 중시했다. 심지어는 밥을 먹을 때도 책에서 눈을 떼지 않았다.

빌 게이츠의 부모는 저녁을 먹으며 자녀들과 대화 시간을 많이 가졌고, 책을 읽다 모르는 단어가 나오면 사전을 꺼내어 큰 소리로 단어의 뜻을 읽어주었다. 함께 질문도 하고 토론도 하며 큰 소리로 책을 읽으며 즐거운 시간을 보냈다. 바로 이러한 독서 습관, 독서 생활이 오늘날의 세계적인 기업인 빌 게이츠를 만들었다.

빌 게이츠는 언제나 책을 들고 다니며, 바쁜 일정 속에서도 책을 놓지 않는다. 메모를 통해 내용을 확장한다. 한 권을 온전히 이해하고 완독하기에 읽는 데 시간이 오래 걸리지만, 굴하지 않고 매일 정해둔 시간에 책을 읽는다.

독서는 빌 게이츠가 성공하는 데 절대적인 기여를 했다. 빌 게이츠뿐 아니라 여전히 각 분야에서 독서 활동을 활발히 하는 사람들이 오늘날 이 세상에서 지속적인 성과를 만들어내고 있다.

독서 습관을 들이는 건 처음에는 쉽지 않지만, 습관화되면 빌 게이츠처럼 쉽게 읽게 된다.

빌 게이츠의 추천 도서[2]

빌 게이츠의 창의적 독서법

- 책의 여백에 생각과 정보를 메모하며 읽는다.

- 읽기 시작했으면 완독한다.

- 하루 중 독서에 쓸 시간을 확보한다.

- 장르에 구애받지 않고, 다양한 분야의 책을 읽는다.

---

2 이미지 출처: https://www.google.com

부자 빌 게이츠가 추천하는 도서

책벌레로 유명한 빌 게이츠가 청중에게 추천한 책 중 몇 권을 선택해보았다. 꼭 읽고 나누었으면 한다.

· 〈더 박스The Box〉, 마크 레빈슨 지음, 김동미 옮김, 21세기북스
· 〈역사를 만든 위대한 아이디어The Most Powerful Idea in the World〉, 윌리엄 로젠 지음, 엄자현 옮김, 21세기북스
· 〈어제까지의 세계The World Until Yesterday〉, 제레드 다이아몬드 지음, 강주헌 옮김, 김영사
· 〈경영의 모험Business Adventures〉, 존 브룩스 지음, 이충호 옮김, 쌤앤파커스
· 〈면역에 대하여On Immunity〉, 율라 비스 지음, 김명남 옮김, 열린책들
· 〈문명세계 만들기Making the Modern World〉, 바츨라프 스밀 지음, Wiley
· 〈아시아의 힘How Asia Works〉, 조 스터드웰 지음, 김태훈 옮김, 프롬북스
· 〈새빨간 거짓말, 통계How to Lie with Statistics〉, 대럴 허프 지음, 박영훈 옮김, 더불어책
· 〈사피엔스Sapiens〉, 〈호모 데우스Homo Deus〉, 유발 하라리 지음, 조현욱 옮김, 김영사

Part 7

경영 성과를
높이는 비법

독서 경영의 이로움

다음은 미래의 인재들에게 던지는 메시지다.

독서를 통한 자기계발에 돈 쓰는 것을 절대로 아까워하지 마라.

토머스 에디슨Thomas Edison은 다음과 같이 말했다.

"책은 위대한 천재가 인류에게 남겨주는 유산이며, 아직 태어나지 않은 자손들에게 한 세대에서 다른 세대로 전달되는 선물이다."

세계 최고의 투자가 워런 버핏이 부자가 된 요인도 엄청난 독서량에 있다. 그는 여덟 살 무렵부터 자신의 집 서재에 꽂혀 있던 주식 관련 책들과 창업, 비즈니스, 돈 버는 법에 관한 책들을 읽기 시작했다. 그의 첫 번째 투자 원칙은 '자신에게 투자하는 것'이었다.

내 견해지만 뛰어난 인재들은 바쁜 일상에서도 꼭 책을 읽는다. 세계적인 기업가들은 언제나 책 읽기에 미쳐 있었다. 그들은 책을 통해 답을 찾아냈고, 책을 통한 소통과 교류를 지향했다.

요즘 비즈니스 분야에서 지성과 인성, 창의성은 포기될 수 없는 요소다. 채용 시장도 갈수록 전문지식과 교양을 갖춘 참신한 인재를 더 선호하므로, 독서 인재는 앞으로 기업에 채용되기가 더 수월하다. 현재와 같은 제4차 산업혁명 시대에서 폭넓은 독서를 하면 당장의 채용 뿐 아니라 향후 일터에서 위대한 창의력을 발하는 데도 도움을 받을 것이다.

_ 입사 면접 시 꼭 묻는 물음

다음은 어느 유명 기업의 상시 인재 채용 입사지원서에 기입해야 하는 항목이다.

최근 가장 감명 깊게 읽은 책과 그 이유

어떤 책을 읽었는지는 읽은 사람이 어떤 사람인지를 반영한다. 또, 책의 내용이 다시 읽는 이에게 영향을 미치므로 입사지원서에서도 꼭 '최근 감명 깊게 읽은 책'을 질문한다. 실제 면접에서도 다르지 않다.

조직과 기업은 현재보다는 미래 지향적인 인재를 선호한다. 다양한 자기계발을 통해 자신의 부족함을 채우려는 자세를 가진 사람을 채용하려고 한다. 이들이 주로 내적 충만감이 강해 창조적이고 열정적이기 때문이다. 또, 소통과 공감 능력이 좋은 인재를 우선 선발하려고도 한다. 그런데 이러한 사람들은 십중팔구 공통점이 책을 가까이하는 사람들이다.

다음은 대부분의 조직과 기업들이 사원 채용 시 면접에서 자주 묻는 질문이다.

- 최근 가장 감명 깊게 읽은 책과 그 이유가 무엇인가요?
- 과거 읽은 책에 대해 간략하게 말해줄 수 있나요?
- 자신의 삶에 크게 영향을 준 한 권의 책은 무엇인가요?
- 최근 읽은 책에서 기억에 남는 내용이나 글귀 하나를 말해줄 수 있나요?

만 권의 책을 읽은 독일의 작가 괴테는 "책에 답이 있다"고 말했다. 그런가 하면 대★철학자 소크라테스는 "남의 책을 읽는 데 시간을 들여라"라는 말을 전했다.

탄탄한 독서 습관을 지닌 인재들이 모이면 혁신적이고 독특한 기업

문화가 발전한다. 독서는 인재를 만드는 기본 토양이다. 좋은 책을 읽는 것은 과거 훌륭한 사람과의 만남이다. 그래서 좋은 기업은 도서지원비 등 독서 관련 복지를 적극 제공하기도 한다.

성장하는 조직 내부에는 항상 책을 통해 발전하려는 사람들이 모여 있다. 직장인의 창의력은 독서에서 나온다. 그들은 늘 책을 가까이 두고 활용한다. '독서 경영'은 매일 하루 한 페이지라도 책을 읽는 것이다. 많은 기업가들은 독서의 중요성을 알기에 실제 독서 경영을 실천한다. 독서를 통해 경영 성과를 높인다. 조직은 매달 혹은 격주로 함께 책을 읽고는 토론과 나눔의 시간을 갖는다. 이 독서 나눔을 통해 얻은 지식과 정보, 아이디어를 공유하고 비즈니스에 적용한다. 그러려면 집과 직장에 서재가 있어야 곁에 책을 두고 수시로, 틈틈이 읽을 수 있다. 이 밖에도 독서는 발표력과 설득력의 기술을 알려주고, 무엇보다 생각의 힘을 길러준다.

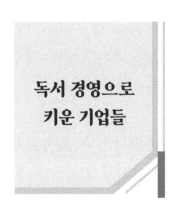

독서 경영으로
키운 기업들

책을 늘 가까이했던 스티브 잡스의 강연 내용 중 일부이다.
"우리가 창의적인 제품을 만든 비결은 우리는 항상 기술과 인문학의 교차점에 있고자 했습니다."
(이미지 출처: 유튜브)

애플의 창업자 스티브 잡스는 언제나 세상을 확연히 다르게 봤다. 그는 기존의 패러다임을 바꿔 새로운 IT 혁명을 일으켰다. 세계적인 IT 업계의 CEO였지만, 그만큼 창의적인 인문학자였다. 평소 독서를 좋아했고, 늘 새로운 것을 배웠고, 토론을 즐겼다. 무엇보다 인문학적 요소를 접목하여 비즈니스를 기획했는데, 미래의 트렌드를 읽어 적용했다.

한번은 기자들이 스티브 잡스에게 "가장 좋아하는 것이 무엇이냐"고 물었다. 그는 서슴없이 '독서'라고 답했다. 또 다른 강연에서는 "애플을 만든 결정적인 힘은 고전 독서 프로그램 덕"이라며, "독서와 혼자 사색하는 시간을 통해 새로운 일을 도모하라"고 조언했다.

우리나라에서 가장 손쉽게 만날 수 있는 커피 프랜차이즈 기업 이디야Ediya의 창업자 문창기 대표도 다독가로 유명하다. 사업을 시작한 후로 회사가 좀처럼 안정되지 않자, 그는 답답한 마음에 많은 책을 사서 두 달 동안 닥치는 대로 책만 읽었다. 그때 읽었던 책들에서 지혜를 얻어 위기를 극복했다.

문창기 대표는 곧바로 기업 모토를 '독서 경영'으로 바꾸었고, 모든 직원이 한 달에 1권씩 책을 읽고 서로 독후감을 나누었다. 문창기 대표는 이런 말을 했다.

"책 속에 길이 있다. 그렇기 때문에 나는 직원들에게 책을 읽으라고 잔소리하는 대표로 남고 싶다."

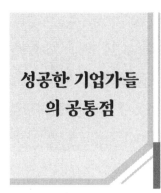

성공한 기업가들의 공통점

일본에서 경영의 신으로 불리는 마쓰시타 고노스케Matsushita Konos-uke는 무일푼으로 회사를 창업했다. 그는 제품이나 기술보다 먼저 사람을 키우고 그들의 지혜와 창의력을 경영에 도입했다. 경영을 단순한 돈벌이가 아닌 가치 있는 종합예술로 여겨 **"경영은 인문학이다"**라고 말했고, 경영에 혼魂을 담아 열정의 불꽃을 피웠다.

현대 경영학의 아버지로 불리는 피터 드러커Peter Drucker는 96세에 마지막 숨을 거두는 순간까지도 독서를 멈추지 않았다. 그의 손에는 볼펜이 쥐어져 있었고, 옆에는 읽던 책이 놓여 있었다.

그가 92세가 되던 해에 기자가 "당신의 친구들은 대부분 은퇴했는데 당신은 언제 은퇴할 계획인가?"라고 묻자, 그는 명쾌하게 "저는 평생 은퇴할 욕심이 없습니다"라고 답했다.

그렇다. 다른 일에는 다 은퇴가 있어도 배움과 연구, 독서 생활에는 은퇴가 없다. 그는 죽는 순간까지 독서를 하고 글을 썼다. 최후의 순간까지 자신이 하는 일을 사랑했다.

성공한 사람들은 대부분 다독가였다. 부자들은 독서를 즐겨 손에서 책을 놓지 않고, 늘 새로운 것을 찾아 읽는다. 한 기자가 워런 버핏에게 성공의 비결을 물었는데, 그가 주위에 있는 책들을 가리키며 서슴없이 말한 대답이 압권이었다.

"매일 500쪽의 책을 읽으시오. 그것이 지식을 다루는 방식입니다. 그러면 지식은 마치 복리식 이자가 붙듯 늘어날 것입니다."

마크 저커버그는 매일 1시간 이상은 책을 읽는다. 세종대왕은 자는 시간을 아까워하며 책을 읽었다. 이것만 보아도 바쁘다는 핑계로 독서가 삶의 우선순위에서 밀려나서는 안 된다. 독서는 미래의 나를 살찌우는 최고의 자원이다. 그래서 우리도 하루의 삶을 책 읽기로 주도하며 시작했으면 한다.

성공한 사람들은 누구보다도 바쁘지만 시간을 내어 독서를 하고, 독서를 통한 논리적 사고로 창의적인 성과를 낸다. 독서가 CEO들은 손대는 것들마다 큰 성과를 냈다. 부자가 되거나 성공하려면 독서는 필수다. 생각의 시야를 넓혀주며, 세상의 흐름을 읽는 능력을 키워주기 때문이다. 지혜는 뇌를 창의적으로 활성화시킨다. 경영과 독서는 떼려야 뗄 수 없는 관계다.

경이로운
책의 민족

유대인 속담에 이런 말이 있다.

"옷을 팔아 책을 사라."

14세기 유대인 계몽가인 임마누엘은 말했다.

"그대의 돈을 책 사는 데 써라. 그 대가로 거기서 황금, 지성을 얻을 것이다."

책을 사랑한 한 랍비의 이야기다. 그는 책을 얼마나 귀중하게 여겼는지 죽으면서 이런 내용의 유서를 남겼다고 한다.

"아들아! 책을 네 벗으로 삼아라. 책장과 책꽂이를 너의 환희의 정원으로 삼아라. 책의 동산에서 지식의 열매와 향기를 즐기고 그것을 너 자신의 것으로 만들어라."

유대인들이 얼마나 독서를 중시했는지 알 수 있다. 세계에서 가장 독서를 많이 하는 유대인은 예로부터 '책의 민족'이라 불려왔다. 정말 유대인들의 손에는 항상 책이 들려 있다. 나의 경우 집에 TV가 없는데, 그들의 거실에도 독서와 대화를 위해 TV가 없다.

유대인들에게는 언제나 책이 먼저다. 교육에서 가장 중요시하는 첫 번째 덕목도 바로 독서다. 유대인이 서로에게 가장 많이 하는 질문 중 하나는 "너는 어떻게 생각하느냐?"이다. 서로 책을 읽고, 질문하고, 답변한다. 특히 독서 후에는 반드시 친구와 가족끼리 책 내용을 두고 토론을 한다. 치열한 토론과 논쟁을 통해 언어 능력과 사고력을 키운다. 여기에 자존감과 공감력은 더불어 향상된다. 〈탈무드〉에는 "돈을 빌려주기는 거절해도 좋으나 책 빌려주기를 거절해선 안 된다"라는 말이 있을 정도다.

유대인의 율법을 담은 〈토라〉와 〈탈무드〉는 지혜와 연구의 책이다. 이 책들은 BC 500년부터 AD 500년까지 1,000년간 치밀하게 설계된 책이라고 할 수 있다. 유대인의 가정에서는 아이가 세 살 때부터 이 책들을 읽고 함께 토론하는 문화가 있다. 그래서일까? 유대인들은 긴 유랑 생활을 하면서도 늘 손에서 책을 놓지 않았고, 이렇게 키운 독서력으로 모든 분야를 두루 석권하였다. 큰 부자가 되었고, 세계적인 기업을 일구었으며, 대학 교수뿐 아니라 각 분야의 노벨상도 휩쓸었다. 책의 민족답게 보통 2~3개의 외국어에도 능통하다. 이것이 세계적인 인재를 배출한 유대인의 문화 비결이다. 이는 내가 가장 닮고 싶은 문화이기도 하다.

유대인을 보면 독서력을 갖춘 인재가 세상을 이기는 법이라는 사실을 체감할 수 있다. 이제 하루 10분이라도 읽은 책을 두고 대화하고 토론하며 질문하는 시간을 갖기 바란다.

유대인의 독서 문화 실천하기

① 오프라인 독서 나눔 모임 가지기

직장, 가정, 기타 모임 등

② 유대인 격언 읽고 필사하기

스승에게 배우는 것보다 친구와 학생에게 배우는 것이 더 많다.

_____

책을 읽는 자식은 비뚤어지지 않고, 독서하는 민족은 망하는 법이 없다.

_____

만일 당신의 자녀가 옷과 책에 잉크를 쏟았거든 책을 먼저 닦고 나서 옷을 닦게 하라. 만일 지갑과 책을 동시에 땅에 떨어뜨렸다면 우선 책을 줍고 나서 지갑을 줍도록 하라.

_____

_____

_____

_____

독서가 노벨상 수상의 원동력이다. 독서의 이유는 아이디어를 얻기 위해서다.

_____

_____

모를 때는 아버지에게 물어라. 아버지가 모르면 랍비에게 물어라.

_____

_____

Part 8

독서의
향연 饗宴

고전 독서하기

책 〈톰 소여의 모험〉으로 유명한 미국의 소설가 마크 트웨인은 "고전이란 누구나 읽어야 하는 책이지만 아무도 읽지 않는 책"이라고 말했다.

〈한비자韓非子〉를 저술한 한비韓非, BC 280~233는 전국 시대 중국의 정치철학자다. 한비는 동문수학한 이사李斯의 추천으로 진나라에 영입됐는데, 한비에게 큰 기대감을 가졌던 진시황제는 한비의 첫인상이 말을 몹시 더듬어 실망했지만, 그의 글재주에 크게 감탄하였다고 한다. 한비자는 자신의 단점인 말더듬증을 글솜씨로 극복하고자 치열하게 노력했다.

그래서 한비는 고전을 읽고 쓰고 기록했는데, 그 결과물이 바로 중국의 법가 사상을 집대성한 〈한비자〉다. 한비는 수많은 인문고전을 읽고 쓰고 외우는 과정을 통해 위대한 인재가 되었다. 좋은 내용을 스스로에게 꾸준히 입력하는 과정의 독서력 덕분이었다.

영국의 총리를 역임한 윈스턴 처칠Winston Churchill과 인도 초대 수상이었던 자와할랄 네루Pandit Jawaharlal Nehru도 고전 〈로마사〉 관련 서적을 애독하였다. 스티브 잡스도 "소크라테스와 점심 한 끼를 할 수 있다면 전 재산을 내놓을 수도 있다"라고까지 말했는데, 소크라테스는 이미 2,400년 전에 죽었지만 지금도 만날 수 있다. 바로 고전을 통해서다.

"탐구하지 않는 삶은 살 가치가 없다"고 말한 소크라테스는 질문을 활용해 대화를 나누었다. 자신이 아는 지혜를 설명으로 강요하지 않고 상대에게 끊임없이 질문하여, 어느새 스스로 진리를 깨닫게 했다.

소크라테스는 이런 자신의 역할을 대화록 〈테아이테토스〉에서 '산파Eristic'에 비유하기도 했다. 아이를 낳는 사람은 산파가 아닌 산모다. 산파는 출산에 도움을 주는 역할을 할 뿐이다. 소크라테스 역시 자신은 제자들이 지혜를 낳는 데 도움을 주는 산파일 뿐이라고 말했다. 여기서 '산파'는 논쟁기술을 뜻한다. 소크라테스는 논쟁에서 이기는 것이 중요한 것이 아니라 참된 지식을 찾는 것이 중요함을 강조했다. 소크라테스는 지금 우리 곁에 없지만, 우리는 고전을 통해 여전히 이러한 참된 지혜를 곁에 두고 배울 수 있다. 고전 독서는 지금은 만날 수 없는 인물들을 가까이에서 만날 수 있게 해준다.

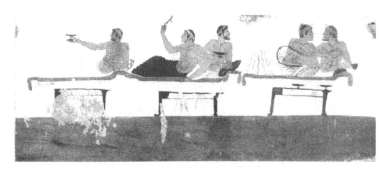

그리스 아테네의 향연 장면을 그린 벽화

울림 '향饗', 잔치 '연宴'. 나는 '향연饗宴'이라는 단어를 참 좋아한다. 그래서 일상에서도 '독서의 향연', '직장인의 향연', '배움의 향연', '인문학 향연', 'CEO 향연' 등 '향연'이라는 말을 자주 사용한다. '향연'의 사전적 뜻은 '특별히 융숭하게 손님을 대접하는 잔치'다.

이는 '심포지엄symposium'을 의미하는데, 그리스어 '심포시아symposia, 함께 술을 마시는 것'에서 유래됐다. 심포지엄에서는 각 분야의 전문가들이 모여 매우 중요한 발견이나 동일 또는 연관 있는 주제에 관해 서로 다른 관점이나 견해를 나누고 밝힌다. 청중도 참가하여 참석자 전체가 토의를 하는 형식의 공개토론회다.

그리스의 비극작가 아가톤Agathon의 향연은 플라톤의 중기 대화편 중 하나로symposion, 심포시온, BC 416년 제祭의 비극경연에서 처음 우승한 것을 자축해 베푼 술잔치였다. 당시 향연은 그리스인들이 식사 후에 둘러앉아 포도주를 마시면서 이야기를 나누는 풍습인 심포시온symposion(sym: 함께 + posion: 먹고 마시다)을 가리켰다.

내게는 손에서 책을 놓지 않고 다니는 것이 즐거움의 향연이다. 또지력을 넓히는 일환으로 일터와 가정에서 독서로 얻은 나눔의 향연을 실천하는 것이 행복이다.

_ 플라톤의 향연

플라톤의 〈향연Le Banquet, Symposion〉은 BC 416년 레나이아 축제에서 개최된 비극경연에서 우승한 소크라테스의 제자이자 비극 시인인

아가톤이 자기 집에서 축하연을 열고 7명의 철학자들을 초대해 '사랑Eros'에 대해 나눈 각자의 견해를 기록한 책이다. 플라톤이 남긴 총 36편의 대화록 중에서 세상에 가장 널리 알려진 철학 작품이다.

안젤름 포이어바흐, 〈플라톤의 향연〉(1871~1874), 베를린 구(舊) 국립미술관[1]

소크라테스의 연설이 끝나자마자, 〈향연〉의 가장 재미있는 부분이 시작된다. 그 순간 소크라테스의 제자이자 연인의미적으로는 친구이며 정치가이자 장군인 알키비아데스Alkibiades가 등장한다. 술에 잔뜩 취한 그가 자신의 사랑을 받아주지 않는 소크라테스를 책망하기 시작하는데, 사실 책망을 가장한 찬양이라고 볼 수 있다. 알키비아데스는 페르

---

1   그림 출처: 구글
     https://s-media-cache-ak0.pinimg.com/originals/47/d6/cc/47d6cc6127bc47449942aa712
     87d2119.jpg

시아 전쟁에서 활약했으며 아테네 도시 건설에도 참여한 외모와 실력을 겸비한 매우 뛰어난 인물이다. 그러한 미남자가 술에 취해 거의 알몸이 된 채 아가톤의 집에 찾아온 것이다. 소크라테스는 아예 등을 돌린 채 그를 쳐다보지도 않고, 다른 사람들과 대화를 이어갈 뿐이다.

독일 화가 안젤름 포이어바흐Anselm Feuerbach의 〈플라톤의 향연〉은 바로 이 장면을 묘사하고 있다. 그림의 오른쪽부터 앉은 순서대로 파우사니아스, 에뤽시마코스, 아리스토파네스, 아가톤 등 5명의 연설이 이어지고, 마지막에 소크라테스의 에로스론이 피력된다. 그림의 왼쪽에 술에 취해 부축받는 인물이 알키비아데스, 금빛 월계관을 쓴 인물이 행사의 주인공인 아가톤이다.

연설의 마지막 주자였던 소크라테스의 에로스에 대한 논리를 보면, 사랑은 인간이 영구적으로 소유하고 싶어 하는 모든 욕망을 포함한다. 고로 에로스는 욕망이다.

"'지혜'가 가장 아름다운 것 가운데 하나이고 에로스가 아름다운 것에 관련된 '사랑'이라면, 에로스는 필연적으로 지혜를 사랑하는 분이고 지혜를 사랑하는 분으로서 필연적으로 지혜로운 자와 무지한 자의 중간에 있을 수밖에 없다." - 플라톤, 〈향연〉, p. 306

소크라테스가 말하는 '에로스'는 늙어서 소멸하는 것보다 자신을 닮은 젊은 것, 아름다운 것, 지혜로운 것을 남기어 보존하는 것이다. 즉 육체적인 것이 아닌 정신적인 것, 개별적이 아닌 보편적인 것으로 진화의 과정을 거쳐야 한다고 말했다.

플라톤을 만나다

나는 그리도 만나고 싶던 고전 속 위대한 인물 모두를 책으로 만났다. 플라톤은 〈국가〉라는 책으로, 니체Nietzsche는 〈짜라투스트라는 이렇게 말했다〉라는 책으로, 공자는 〈논어〉와 〈사기〉로, 호메로스Homeros는 〈일리아스〉와 〈오디세이〉를 통해 만났다. 이들은 만나기 전에는 나에게 한없이 거대한 산이었지만, 거듭해서 고전을 접함으로써 조금씩 가까워질 수 있었다. 그중 플라톤과의 만남은 내게 가장 감격적이었다.

고전에서 만난 플라톤 역시 인간이었다. 그도 주어진 삶을 누구보다 도덕적인 삶으로 유지하려고 애쓰면서 살았기 때문이었다.

라파엘, 〈아테네 학당〉(1509) 중 일부, 플라톤의 모습

플라톤은 기원전 427년경 태어난 고대 그리스의 대표적인 철학자로, 소크라테스의 제자이자 아리스토텔레스Aristoteles의 스승으로 알려져 있다. 30여 편에 달하는 '대화록'을 남겼는데, 시인 에머슨은 "철학은 플라톤이고, 플라톤은 철학이다"라고까지 평했다. 플라톤에게 이 땅에서의 삶은 잘 죽기 위한 것이었다.

플라톤의 어린 시절과 청년기는 아테네가 전쟁과 정치적 격변 속에 휘말려 있던 시기였다. 28살이 되던 해에는 스승 소크라테스가 사형 판결을 받은 뒤 탈옥을 종용하는 가까운 사람들의 간곡한 권유를 물리치고 결국 한 달 뒤 독약을 들이켜 죽는 사건이 일어났다. 이 사건은 청년 플라톤에게 큰 환멸을 주어 그를 현실 정치에서 아주 멀어지게 한다. 한편으로는 그가 철학으로 방향을 선회하게 만듦으로써 인류 사상사에 큰 족적을 남기는 철학자가 되는 계기를 맞았다.

플라톤의 아버지 아리스톤과 어머니 페릭티오네는 모두 명문가 출신이었다. 플라톤에게는 형이 둘 있었다. 〈국가〉에서 소크라테스와 대화를 나누는 아데이만토스와 글라우콘이다. 누나 포토네의 아들 스페우시포스는 플라톤이 죽은 뒤 그의 아카데미아의 원장이 된다.

42세 무렵이던 BC 385년경, 플라톤은 아카데메이아 학원을 건립하고 제자 양성과 저작에 몰두한다. 〈향연〉, 〈파이돈〉, 〈국가〉, 〈파이드로스〉 등이 모두 여기에서 저술되었다. 이 학원은 AD 529년까지 운영되었는데, 대학교의 초기 형태인 '아카데미Academy'라는 말이 여기에서 비롯되었다. 40세 무렵까지는 대화편 중 초기 것들로 추정되는 '소크라테스의 변론, 크리톤, 에우티프론, 카르미데스, 라케스, 소히피아스, 이온, 프로타고라스, 리시스, 에우티데모스, 메넥세노스, 고르기아스' 등을 저술한다. 이후 60세에 이르기까지 중기 대화편들로 분류되는 '메논, 크라틸로스, 파이돈, 향연, 국가, 파이드로스, 파르메니데스, 테아이테토스'를 저술한다. 이후 후기 대화편들로 분류되는 '티마이오스, 크리티아스, 소피스테스, 정치가, 필레보스, 법률' 등을 저술하였다. 그렇게 BC 347년경 향년 81세의 생을 마감한다.

내 생애 최고의 행복은 인문학 독서를 통해 플라톤을 만났다는 것이다. 그의 저작을 통해 그의 삶을 읽고, 현재의 내 삶이 동화되어감에 감사할 따름이다. 그가 설립한 아카데미의 정신을 이어받아 인문학자 양성에 더욱 전념하겠다는 다짐도 더한다.

고전이 길러준 창

고전 속에는 절묘한 표현들이 가득하다. 내가 진행하는 인문고전 학습에서는 약 3,300년 전에 쓰인 서양 고전 〈길가메시 서사시〉, 〈그리스 로마 신화〉, 〈셰익스피어〉, 〈변신 이야기〉, 〈일리아스〉, 〈오디세이아〉 등이 주로 읽기 과제로 주어진다. 이러한 고전 작품들을 읽으면 세상의 본질에 대한 이해가 깊어지고, 유익하면서도, 창의적인 사고가 확장된다. 물론 화려하고 시적인 수사법레토릭과 표현력도 향상된다.

한 예로 〈일리아스〉 11권에 나오는 트로이 측의 전사 이피다마스코온의 동생가 아가멤논의 칼에 맞고 쓰러진 직후의 이야기를 소개한다.

… 그리하여 번쩍이는 창의 끝이 똑바로 뚫고 들어가자, 인간들의 왕 아가멤논은 몸을 부르르 떨었다. 그래도 그는 전투와 전쟁을 그만두려 하지 않고 '바람이 길러준 창'을 들고 코온에게 덤벼들었다.[2]

여기서 '바람이 길러준 창'이라는 멋진 표현이 나온다. 그리스 로마 고전 번역가 로버트 페이걸스는 이를 '나무를 채찍질한 세찬 바람이 만든 강력한 창'이라고 번역했다.

그렇다면 왜 바람이 길러준 창일까?

창은 크게 나무 손잡이 부분인 '창간'과 금속 재질의 '창두'로 나뉜다. 그런데, 트로이 전쟁은 청동기 시대에 일어났다. 이때 창두는 청동이라 튼튼했지만 문제는 창간이었다. 튼튼한 나무로 제대로 만들어야만 부러지거나 쪼개지지 않았다. 이 때문에 창간은 양질의 토양에서 수십 미터 높이로 자라는 거목으로 만들어야 했다. 호메로스의 〈일리아스〉 주석에 따르면, 영웅들의 창은 아주 훌륭해서 영웅이 퇴직한 후에 가구나 무기를 만드는 데 재사용되었다고 한다. 고대 그리스 시인 호메로스는 전쟁터의 장수가 휘두르는 창 하나에서도 '바람이 길러준 내력'을 읽어낼 줄 알았던 것이다.

---

2 〈일리아스(Ilias)〉, 호메로스 지음, 천병희 옮김, 숲, 2007, p 297.

창두를 지금의 시대에 비유하면 4차 산업혁명의 IT 기술이라고 볼 수 있다.

그렇다면 그에 맞는 튼튼한 창간은 어디서 구할 수 있을까? 바로 인문고전 과제가 해답이다. 고전 독서를 통해 누구나 '고전이 길러주는 창'을 소유할 수 있다.

현대사회는 정보가 홍수처럼 흐르는 시대다. 이제는 누구나 챗GPT를 통해 원하는 지식과 정보를 쉽게 얻는다. 그런데 내가 지닌 정보가 진짜 경쟁력이 되려면 구글, 네이버, 위키피디아에서 쉽게 얻은 정보가 아니라 사색과 탐구가 바탕이 된 창의적인 정보여야만 한다. 그리고 챗GPT로는 얻을 수 없는 독보적인 지식과 경쟁력은 고전에서 얻을 수 있다.

흔히 인터넷을 '정보의 바다'라고 부른다. 그러나, 인터넷의 정보는 파편화되어 있어 지식을 얻으려면 필요한 부분을 모으고 정리해야 한다. 단편만 가지고는 결코 유용한 지식을 얻었다고 볼 수 없다. 누구나 쉽게 다 아는 내용이기에 깊이도 떨어진다. 실용적인 정보의 습득과 학습은 책에서 더 빠르고 깊이 있게 얻을 수 있다. 책을 읽다 보면 자연스레 지식에 대한 갈망이 더 생기며, 책은 여러 호기심을 충족하는 좋은 멘토가 되어준다. 미래를 내다보는 통찰력을 키울 가장 좋은 방법은 '독서'와 '창의적 사고'다. 이는 삶을 부유케 만들며 지혜를 전달한다.

〈오디세이아〉는 다음의 호메로스의 시로 시작된다.

여신이여, 말씀하소서. 많은 모험을 겪은 그 사나이를요.
트로이 성을 무너뜨린 후 그가 여러 지방을 방랑한 사연을.

내게는 고전이라는 방대한 이야기 속에서 멋지고 통찰력 있는 수사를 만날 때가 지혜의 벼락을 맞는 순간이다. 당신도 꼭 이런 수지를 얻기를 바란다.

Part 9

책은
도끼다

고전의 물음

일리야 레핀, 〈레프 톨스토이의 초상〉(1887), 트레티야코프 미술관, 모스크바
책을 읽고 있는 대문호 레프 톨스토이.

다음은 러시아의 대문호 톨스토이Lev Nikolaevich Tolstoy, 1828~1910가 남긴 말들이다.

"행복해지는 방법은 단 하나, 다른 사람을 위해 사는 것이다."

"나의 행복은 내가 가진 것에 감사할 줄 알고, 가지지 못한 것에 너무 욕심을 부리지 않는 것이다."

"믿을 수 있는 가장 강력한 두 전사는 인내와 시간이다."

"누구나 세상을 바꿀 생각은 하지만 아무도 자신을 바꿀 생각은 하지 않는다."

"단순함, 선함, 진실이 없는 곳에는 위대함이 없다."

_ 사람은 무엇 때문에 사는가?

러시아의 대문호 레프 톨스토이는 위대한 작가 중 한 명이다. 그렇다 보니 나도 그의 작품을 하루하루 일용할 양식으로 삼으려고 노력한다. 엄청난 독서가였던 그의 주요 작품에는 〈부활〉, 〈사람은 무엇으로 사는가〉, 〈전쟁과 평화〉, 〈안나 카레니나〉 등의 장편소설과 〈이반 일리치의 죽음〉, 〈바보 이반〉 등의 중편소설이 있다.

마하트마 간디Mahatma Gandhi는 톨스토이의 〈신의 왕국은 당신 안에 있다The kingdom of god is within you〉에 깊은 감명을 받아 그를 스승teacher, true mentor으로 부르며 존경을 표했다. 서로 만난 적은 없지만, 무려 90여 권의 책을 남긴 톨스토이처럼 간디도 98권의 저서를 남겼다.

아리스토텔레스가 "인간은 사회적인 동물"이라고 규정했듯, 인간은 혼자서는 살 수 없다. 오직 인간만이 읽고 쓰고 사색하며 소통하는 능력을 지녔기 때문이다. 특히 혼자 책을 읽고 사색하는 것도 좋지만, 여러 사람과 서로 다른 생각을 공유하며 질문할 때, 창의적인 역량을 키울 수 있다.

우리들은 자기 자신에게, 때론 누군가에게 다음과 같이 묻곤 한다. 살다 보면 필연적으로 부딪히는 질문이다.

– 어떻게 살아야 잘 사는 삶일까?
– 나는 무엇을 위해 살까?

사실, 톨스토이가 우리에게 남긴 가장 위대한 질문은 바로 "사람은 무엇 때문에 사는가?"이다. 톨스토이의 1885년도 작품인 〈사람은 무엇으로 사는가〉를 보면, 땅에 내려온 천사 미하일은 다음 세 가지 질문의 답을 찾으려 한다.

1. 사람의 마음속에는 무엇이 있는가?

2. 사람에게 주어지지 않은 것은 무엇인가?

3. 사람은 무엇으로 사는가?

그중에서도 세 번째 질문인 '사람은 무엇으로 사는가?'에 대해 작품이 건네는 답은 '사랑으로 산다'는 것이다.

모두 자신만의 답을 가지고 살아간다. 자신만의 답이 있어야 살아갈 수 있다. 모두의 답이 같아야 하는 것은 아니다. 다만, 오늘 내가 살아가는 이유가 좀 더 명확했으면 한다. 단순히 "나는(우리는) 무엇으로 사는가?"라는 질문을 넘어 "사랑으로 살아간다"라고 함께 말할 수 있었으면 한다.

책은 도끼다

인간은 누구나 성공하고 행복한 삶을 원하며, 오늘보다 더 나은 내일을 기대한다. 그러려면 인문학적 사색과 독서량을 늘려야 한다. 독서로 '나'라는 개인을 더욱 뚜렷한 브랜드로 전략화하고, 지성과 영성을 갖추면 삶의 기회가 확대된다. 책을 읽고 글을 쓰고 토론하며 질문과 나눔의 성찰적 삶을 살면 해박한 지식과 정보, 노하우, 아이디어, 영감 등이 저절로 피어난다. 의미 있는 가치를 통해 미래의 비전을 세우는 기회도 얻게 된다.

유대계 소설가 프란츠 카프카Franz Kafka, 1883~1924의 글 중에는 보석 같은 말들이 수두룩하다. 그중에서도 많은 사람이 최고로 꼽는 명언이 있다.

프란츠 카프카는 오스트리아-헝가리 제국의 유대계 소설가다. 대표작으로는 〈변신〉, 〈심판〉, 〈성(城)〉, 〈실종자〉, 〈유형지에서〉, 〈시골의사〉, 〈시골에서의 결혼 준비〉 등이 있다.

"책은 우리 내면의 얼어붙은 바다를 깨뜨리는 도끼여야 한다."

무엇도 읽거나 사색하지 않은 채로 구축한 성공은 일시적이어서 손에 쥔 모래알처럼 가벼운 미풍에도 허망하게 사라져버릴 수 있다. 반면 앞서간 사람들의 지식 위에 서서 자신만의 지적 인프라를 만든 사람은 웬만한 위기에도 쉽게 무너지지 않는다. 실제로 내가 만난 성공한 사람들도 모두 평소에 부지런히 독서하고 사색하여 새롭게 찾은 가치들을 실천하는 사람들이었다. 세균학의 아버지라 불리는 루이스 파스퇴르Louis Pasteur가 말했듯, "기회는 준비된 자에게 오는 것"이다.

그래서인지 나는 사람들을 만나면 우선적으로 인문학적 사색과 빼어난 지혜를 얻을 수 있는 책 읽기를 권한다. 카프카의 말처럼 우선 자신의 내면을 깨는 일부터 시작하기를 권한다. 사람들의 관심은 주로 자신의 내면이 아닌 외부를 향해 있는데, 먼저 자신이 어떠한 사람인지를 알아야 사회에서 자신만의 가치를 실현할 수가 있다.

앞서 소개했듯 유대인들은 중요한 가르침인 〈토라〉라는 고전 읽기를 계승함으로써 자녀교육을 가장 잘하는 민족이 되었고, 민족 내부에서 계속해서 빼어난 인물들을 양성할 수 있었다. 그래서 카프카의 "책은 도끼다"라는 말은 맞는 말이다.

천재는
타고나는 것일까?

"우리 중에 인물이 없는 것은 인물이 되려고 마음먹고 힘쓰는 사람이 없는 까닭이다. 인물이 없다고 한탄하는 너 자신이 왜 인물 될 공부를 아니 하는가?"

도산 안창호 선생이 샌프란시스코에서 창립한 민족운동단체 흥사단 단우들에게 던진 말이다. 여기서 공부란 다름이 아니라 책을 읽고 인격 훈련을 하라는 의미다. 그는 미국에서 공부한 뒤로 이에 더욱 확고한 비전을 가지는데, 독립군에 지원했고, **"어떤 상황에서든 책을 읽어야 한다. 책을 읽으면 책 속 위대한 이들이 친구가 된다"**라고도 말했다. 도산 안창호뿐 아니라 나폴레옹만 보더라도 모두 편안하고 여유로운 환경에서만 책을 찾아 읽은 것은 아니었다. 그들에게 독서란 어떤 상황, 어떤 조건에서든 필수로 함께하는 일상이었다. 그 이유는 무엇일까?

미국의 교육학자 레오 버스카글리아Leo Buscaglia의 "**변화는 모든 배움의 마지막 결과**"라는 말에서 그 힌트를 얻을 수 있는데, 그의 말처럼 변화는 단번에 일어나는 것이 아니라 천천히 찾아오기 때문이다. 그들은 꾸준한 독서의 힘이 가져다줄 결과를 잘 알았다. 그래서 어떠한 상황에서든 손에서 책을 놓지 않았다.

내가 조선 시대 여성 문신 신사임당을 존경하는 이유도 그녀가 당시에 먼 미래를 내다보고 독서를 실천했다는 점 때문이다. 신사임당은 새벽에 책을 읽다가 좋은 글귀를 발견하면 곧바로 적어 자녀가 볼 수 있는 곳에 붙여두었다. 앞서 소개한 칼 비테 역시 메모를 독서에 적극 활용했다. 항상 일기를 쓰고, 학습 노트를 기록하면서 연구했는데, 자녀 스스로 사고하는 힘을 기르도록 독서를 장려했다.

칼 비테는 타고난 자질이 아무리 뛰어나더라도 정작 교육을 제대로 받지 못하면 가진 능력을 충분히 개발할 수 없다고 말했다. <u>후천적인 교육을 통해 자녀를 얼마든지 뛰어난 능력을 갖춘 사람으로 키워낼 수 있다고 생각했다.</u> 아버지의 훌륭한 교육법 덕분에 칼 비테의 아들은 훌륭한 학자가 될 수 있었다.

아인슈타인Albert Einstein은 "**독서란 지식의 확장이 아니고 사고의 확장이다**"라고 말했다. 러시아의 교육가인 안톤 마카렌토Anton Makarenko는 "**천재는 교육의 위대한 성과**"라고 말했다.

이제는 다음의 질문에 대한 답을 찾아냈다.

"천재는 타고나는 것일까?"

"그렇지 않다."

이 글을 뒤늦게 읽게 되어 너무 늦었다고 생각할 수도 있다. 물론 독서는 일찍 할수록 좋지만, 지금부터라도 하는 것이 더 중요하다. 용기가 될 만한 사례가 있는데, 르네상스 시대 천재 화가 레오나르도 다빈치Leonardo da Vinci는 무려 36세가 되어서야 인문고전 독서를 시작했다.

독서는 상상력과 창의력, 나아가 통찰력을 길러 미래를 이끌 인재가 되는 자양분을 공급해주기 때문에 언제 읽더라도 늦지 않다. 지금부터 시작하자.

독서 습관 기르기

잠깐 스스로에게 질문해보자.

- 현재 나의 독서 습관은 어떠한가?
- 늘 책을 소지하고 있는가?
- 지금 읽는 책이 있는가?
- 읽은 책의 요지를 정리하고 있는가?

사회의 관심이 온통 경제와 취업에만 쏠려 있다 보니 언제나 독서는 뒷전인 분위기다. 하지만, 프랑스의 작가 볼테르Voltaire는 "과거를 돌아볼 때, 이 세상은 몇 권의 책으로 지배되어온 것과 같다"라고 말했다.

이 말에 비추어 보면 세계적으로 성공한 사람들의 공통 별명이 '책 벌레'인 것은 우연이 아니다. 세종대왕도 어렸을 적, 책을 너무 많이 읽어 아버지 태종이 책 금지령까지 내렸다는 일화가 있지 않은가. 뿐만 아니라 유럽의 왕가와 명문 귀족 집안에서도 고전 독서 교육을 실시했었다. 당시에는 평민 이하의 계급이 고전에 접근할 길 자체가 원천적으로 차단되어 있었다. 누구나 마음만 먹으면 책을 읽을 수 있는 지금의 세상이 얼마나 좋은 세상인지 모른다.

스위스의 법학가이자 사상가였던 칼 힐티Carl Hilty는 에세이 〈독서에 대하여〉에서 그의 독서 원칙을 소개했다. 그에 따르면, 누구든지 매일 책을 30분씩 20년 읽으면 최고의 학자가 될 수 있다. 좋은 책일 경우, 그 책을 조용히 생각하며 읽되, 되풀이하여 읽을 것을 강조하였다.

영국의 총리였던 윌리엄 글래드스턴William Gladstone은 **"독서는 옛것을 받아들여 새로운 것을 창조하는 힘이다. 나는 뜻밖에 얻는 1분도 헛되이 보내지 않도록 언제나 책을 주머니 안에 넣는 것을 잊지 않았다"**라고 말했다. 강조했듯, 언제나 책을 지니고 다니는 것에서부터 독서는 시작된다.

넓고 깊은 지식만이 AI를 지배하고 세상을 바꿀 수 있다. 앞으로의 세상에서는 더욱 지속적인 독서를 통해 얼마나 논리적인 사고력과 창의성을 높이 키우느냐에 따라 삶의 성패가 좌우될 것이다. 빠르게 변하는 정보 범람의 세상이므로, 그만큼 무거운 내면의 중심이 필요하다. 평소 읽고 토론하는 공부를 통해 언어 구사 능력을 키우고 생각을 정리하면, 통찰력, 즉 인사이트가 생겨 차별화된 전략으로 창의적인 성과를 낼 수 있다.

_ 적고 나누기

독서 습관을 기르면 보다 나은 삶을 누릴 수 있다. 다양한 책을 읽고 정리하여 창의적 토론 등으로 나누며 성과를 내고 성장하길 바란다. 나는 우리 사회가 독서에 대한 열기로 한없이 뜨거워졌으면 한다. 창의적 유대인의 교육법인 하브루타식 독서 문화가 정착되었으면 한다. 이는 서로 다른 생각과 질문을 통해 자신의 견해를 발표하는 창의적인 학습 훈련이다.

책을 읽다가 좋은 글귀를 만나거든 적자. 독후감식이든 메모식이든 적는 것이 중요하다. 자신의 느낌이나 견해도 함께 적자. 더 나아가 토론으로 나누면 더욱 좋다.

나는 독서를 통해 성장했다. 나의 폭넓은 시야와 창의적인 기획력 등의 삶의 원동력은 모두 독서로부터 왔다. 여러분도 지금부터 튼튼하고 친숙한 독서 습관을 갖춰 여러분의 뛰어난, 잠재적인 역량을 발휘하기를 바란다. 최고의 교육법은 다른 사람보다 먼저 책에 취해 있는 것이다. 나는 오늘도 책에 취해 있다.

〈AI를 이기는 문해력〉

문해력은 '읽고 이해하는 능력'을 말한다. AI를 뛰어넘는 문해력은 글의 이면을 보고 사고하고 분석하는 능력이다. 문해력과 독서력은 상호보완적인 개념으로, 독서를 통해 문해력을 더욱 발달시킬 수 있다. 다양한 독서를 하면 문해력이 더 높아진다.

분석 독서

더 깊은 독서는 '추론하며 읽기'와 '분석하며 읽기'로 나간다. 내용의 표면적인 이해를 넘어 깊이 분석하며, 생각하고 곱씹으며 읽는다.

AI는 할 수 없는 논리적, 비판적 읽기

독서는 집중력을 기르기에 더없이 훌륭한 도구다. 습관이 되면 자율적이고 능동적으로 집중하는 태도가 길러진다. 또한, 논리적이며 창의적인 사고의 힘이 길러진다. 책 읽는 사람은 점점 '논리적, 분석적, 비판적'인 부분에서 차별성을 얻는다. 책을 읽을 때, 다음 질문을 하며 읽기를 권장한다.

- 이 책에서 말하려고 하는 것은 무엇인가?

- 저자의 주장과 근거는 타당하고 차별점이 있는가?

- 이 책의 구성과 내용, 결말은 알맞은가?

Part 10

진짜 창조적인 쉼

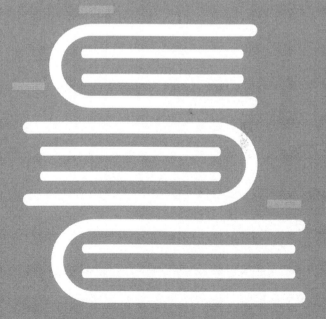

날마다
취해 산다

송나라의 재상이자 문필가였던 왕안석은 5세에 이미 〈시경〉과 〈논어〉를 통달해 천재로 불렸다. 그는 독서의 가치를 이렇게 말했다.

"큰 비용이 들지 않으며 만 배의 이로움이 있고 사람들의 재능을 밝혀주고 군자의 지혜를 더해주기도 한다."

크게 성공한 기업인들은 일벌레이기도 하지만, 늘 책을 가까이한다. 그들은 일찌감치 독서의 중요성을 인식해 책을 많이 읽고, 인문학의 가치를 중시했다. 책에 창의적 창출과 문제 해결의 열쇠가 있음을 알았다. 이것이 경영의 힘을 길러주었다.

나는 자신 있게 말할 수 있다.

오랫동안 책에 취했는데 인생이 변화하지 않으면 내가 책값을 물어주겠다.

난 여전히 루틴처럼 책을 사서 읽고, 틈틈이 글을 쓰고, 토론한다. 책을 통해 얻은 정보와 깨달음을 간략하게 정리하여 즐겁게 나눈다. 이렇게 책에 취해 산다.

언젠가 차를 몰고 지방에 내려가다가 고속도로 휴게소에 들러 볼일을 본 뒤 잠깐 책을 읽기 시작했는데, 독서에 빠져 몇 시간이 훌쩍 지났다. 내게는 자주 있는 일이다. 그렇다 보니 책을 읽기 위해 지하철로 이동하는데, 책에 심취해 내려야 할 곳을 지나쳐버리는 경우도 부지기수였다. 읽던 책이 너무 재밌다면 걸으면서 읽기도 한다. 때론 책을 읽기 좋은 곳을 부러 찾아가 읽다 보니, 그 길로 새벽을 맞이하는 경우도 많다. 이렇게 거의 책에 취해 산다. 자주 가는 카페에서도 책을 읽다 보면 어느새 순식간에 나만 남는다.

"손님, 끝날 시간입니다."

독서는 고독하지만 감미롭고 시간 가는 줄 모를 만큼 행복한 행위다. 독서에 취해 손해 볼 일은 없다. 사실 책에 빠지면 그 누구를 대할 때보다 사랑하듯 진지하게 대한다. 나는 오늘도 책에 빠져 산다.

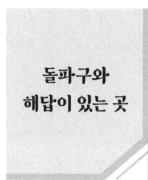

돌파구와
해답이 있는 곳

　나는 주로 책의 제목에 끌려 책을 많이 선택한다. 한번은 〈초격차超格差〉라는 제목에 끌렸다. 읽어보았더니 글의 핵심 메시지는 미래 사회에서는 지적 경쟁이 더욱 치열해져 지적 경쟁력을 갖춘 사람과 그렇지 않은 사람 간의 간격이 초격차로 벌어지게 된다는 것이었다. 즉, 지적 호기심이 더 강한 사람이 격차를 더 벌리게 된다는 의미였다.

　책의 저자인 삼성전자 사장 출신 권오현 씨는 상황이 바뀔 때마다 변신해야만 성장할 수 있음을 알리고자 책을 썼다고 했다. 그가 평생 동료나 직원들에게 나누어준 책만 수천 권이라고 한다. 책을 나눠준 이유는 창의적인 돌파구와 해답이 책 속에 있음을 알았기 때문이다.

　프랑스의 작가 볼테르가 말했듯, 세계는 책에 의해 움직이고 있다. 독서는 창조적인 행위이며, 인간은 인간 고유의 가치인 뛰어난 창의력으로 이 세상에서 많은 것을 창조해냈다.

시카고대학의 제5대 총장으로 취임한 로버트 허친스Robert Hutchins는 학생들에게 고전 100권을 읽게 했고, 읽지 않은 학생은 졸업시키지 않는 소위 '시카고 플랜'을 도입하였다. 그 결과, 시카고대학은 1929년부터 2000년까지 노벨상 수상자를 68명 탄생시킨 세계 굴지의 교육기관이 되었다.

로버트는 작가, 목수, 가정교사, 판매원 등의 일과 공부를 병행하며 예일대학교를 졸업하였다. 그렇게 졸업 후 8년 만에 명문으로 손꼽히는 시카고대학의 총장으로 임명되었다. 당시 그의 나이 30세에 불과했다.

묵묵히 자신만의 길을 걷는 사람들을 보면 반드시 독서를 중시한다는 공통점이 보인다. 책에 답이 있어서다. 독서에 빠져 사는 사람의 역량은 그 누구도 넘볼 수 없다.

강철 독서광 인간만큼은 AI조차도 어찌 이길 수 없다.

마음 챙김

나의 최고의 행복 중 하나는 책을 선물하는 것이다. 좋은 책을 선물하고, 독서의 즐거움을 누리기를 권한다. 스티브 잡스가 다녔던 리드 칼리지도 특별하게도 입학생들에게 고전 중의 고전인 호메로스의 서사시 〈일리아스〉와 〈오디세이〉를 선물한다.

나는 읽은 책의 양이 아닌 어느 상황에서도 늘 책을 끼고 다니며 독서를 즐기는 사람을 독서가로 정의한다. 독서는 말하기 능력과도 아주 밀접하고, 특히 발표력을 키우는 데 유익하다. 어릴 때 독서 습관을 길러주면 말도 잘하게 되고, 분석력과 어휘력이 늘어난다.

내게 가장 행복한 시간은 독서 코칭 시간이다. 개인, 그룹, 사내 독서 모임에서, 격주나 월에 한 번, 본인이 읽고 있는 책이나 감명받았던 문장을 간결하게 스피치하게 한다. 자신이 경험한 삶에 대해 적은 에세이나 주제를 나누어도 좋다.

우선 발표자는 책 속의 좋은 글귀나 감동적인 문장을 간략하게 정리한다. 발표할 때는 책의 제목과 저자를 간단하게 소개하고, 책의 구성과 핵심 줄거리를 전달한다. 다음으로 작가가 책을 쓴 목적과 취지, 자신이 책에서 얻은 통찰과 교훈, 마지막으로 책의 교훈으로 변화될 자신의 계획을 나눈다. 좋았던 점을 가볍게 얘기하거나 분석적인 서평을 나눠도 좋다. 이처럼 책을 읽고 난 후 독서 토론을 즐긴다. 당연히 사고력과 발표력이 향상된다.

정병태 교수의 〈독서 모임〉 포토

독서는 호기심과 상상력을 자극한다. 그래서 미국의 시인 A. 조월은 "책은 책 이상이다. 책은 생명이다"라고 말했다. 조선의 천재 학자 율곡 이이李珥는 어머니 신사임당과 아버지가 사서오경大學, 논어, 맹자, 중용을 주제로 토론하는 것을 보면서 자랐다. 나 역시 독서 모임을 통해 상상력과 지식을 전파하고자 한다.

〈살아 있는 독서법〉

▦ 독서 습관 들이고, 권하기

좋은 독서 습관 중 하나는 매주 책을 사는 데 돈을 아끼지 않는 것이다. 구입한 책은 책장에 예쁘게 모셔두지 말고, 눈에 잘 보이는 거실이나 식탁, 소파에 펼쳐둔다. 며칠 뒤에는 또 다른 책들로 바꿔둔다. 그렇게 눈에 띄는 대로, 손에 잡히는 대로 꾸준히 읽는다.

좋은 책이라면 주변 사람들에게 선물한다. 책만큼 위대한 선물이 또 있겠는가? 만약 당신이 인생을 변화시키고 싶다면 작은 습관을 만드는 것에서부터 시작하면 된다. 작은 독서 습관의 실천, 이 작은 선택이 인생을 바꾸는 원동력이 될 수 있다.

▦ 반복 독서법: 한 권을 세 번씩 읽기

좋은 책은 되도록 속도를 늦춰 차분하게 읽는 것이 좋다. 독서의 효과는 책을 읽는 과정에서 얼마나 사고를 다양하게 확장하느냐에 달려 있다. 책 속에 담긴 논리, 정보, 스토리, 작가의 의도를 충실히 파악해내며 읽는다. 이렇게 세 번 반복 독서한다.

- 반복 도서 제목(책):

- 세 번 읽기 기간:

책을 더 잘 읽으려면 정해둔 한 권만 읽지 말고, 그와 관련된 배경지식을 검색해본 뒤, 저자의 다른 책이나 관련 서적들을 곁에 두고 함께 읽으면 더욱 깊고 넓게 읽을 수 있다.

창조 휴가

옛사람을 만날 수는 없지만,

책을 통해 그의 가르침을 받을 수 있으니, 아니 읽고 어찌할 것인가?

– 퇴계 이황, 〈도산십이곡〉

나는 '독서 휴가'라는 말만 들어도 가슴이 설렌다.

나에게 독서는 최고의 '창조 휴가'다.

어떠한 상황에서든 휴식을 누리는 것이 진짜 창조적인 쉼이라면,

나는 확신한다.

가장 보편적이고 쉽게 할 수 있는 휴식은 독서라고.

세종대왕이 신하들에게 독서 휴가를 준 이유는 무엇일까?

나무만 보고 숲을 보지 못하는 실수를 하지 않기 위해서다.

세종대왕은 신하들의 학문 증진을 위해 '사가독서賜暇讀書'라는 독특한 제도를 시행했다. 이는 조선 시대 젊은 문신들이 임금의 명으로 맡겨진 직무를 멈추고 쉬면서 독서하고 글 쓰며 학문을 닦던 제도였다. 약 1년 정도 독서할 쉼이 주어졌다.

사가독서 제도를 시행한 세종대왕처럼 19세기 영국의 빅토리아 여왕도 관료들에게 3년에 한 번씩 셰익스피어Shakespeare의 작품을 읽고 삶의 지혜와 통찰을 구하라는 취지로 유급 휴가를 주었다. 이를 '셰익스피어 베이케이션Vacation'이라 부른다.

나는 조선 시대의 '사가독서' 제도나 빅토리아 여왕 시대의 '셰익스피어 베이케이션' 같은 쉼이 우리 삶에서도 적절히 시행되어야 한다고 생각한다. 진짜 창조적인 쉼, 멈춤, 여유, 휴가 등을 통한 새로운 충전이 필요하다. 그래야 성찰과 전략을 세워 더 높이 점프할 수 있으며, 지금까지의 삶을 돌아볼 수 있고, 더 나은 전진을 도모할 수 있다. 휴식하며 읽는 책은 말 없는 스승이며, 삶의 방향을 제시해주는 내비게이션과 같다.

세종대왕과 빅토리아 여왕은 생산적인 휴식을 통해 샘솟는 창의력과 좋은 아이디어들을 얻을 수 있음을 알았다. 우리에게도 진정한 생산성은 제대로 된 여가와 쉼, 타임 오프를 통해 얻을 수 있다는 인식의 전환이 필요하다.

_ 독서 휴가

독서 휴가는 창조적인 쉼이다.

비우고 채우고 창조하는 시간이다. 설렘과 기대로.

책이 묻고, 또한 해결책도 책이 준다.

독서는 일상을 떠나 자기성찰을 할 기회를 준다.

독서 휴가는 모두에게 필요한 선물이다.

나는 지금도 독서 베이케이션 중~

독서 여행 떠나기

회사에서, 모임에서, 가정에서, 또는 혼자서 독서 여행을 떠나보자.
독서 여행에는 정해진 규칙이 없다. 몸도 마음도 자유로워야 진정한 여
행이 가능하다. 최고의 인문학 수업은 먼 곳에 있지 않다. 책을 사 들고
떠나는 것이다.

· 장소:

· 날짜:

· 읽고 싶은 책:

Part 11.

고전 독서 수업

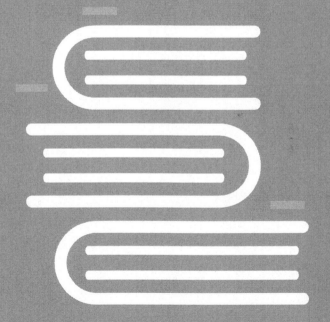

고 전 독 서 수 업

미국 뉴욕 세인트 존스 대학교

세인트 존스 대학교는 강의와 교수가 없는 학교로 유명하다. 강의와 수업 대신 토론과 글쓰기를 통해 학생 스스로 자신만의 공부법을 습득하는 교육방식이다. 4년간 고전 100권을 읽고 토론하는 것이 전부다.

나는 탐구하는 삶을 살고 있는가?

– 미국 뉴욕 세인트 존스 대학교[1]

---

1 이미지 출처: 구글
   http://cfile8.uf.tistory.com/image/0134F04F50F9E99D0FF465

튜터식
고전 학습

뉴욕 타임스는 미국의 대학교 중 최고 학사 과정에 세인트 존스 대학교Saint John's College, 이하 세인트 대학와 리드 칼리지Liberal Arts College를 꼽았다. 세인트 대학은 1696년에 설립된 강소強小 대학으로 뉴욕에 위치해 있으며, 미국에서 세 번째로 오래된 대학교다.

일찍이 나는 세인트 대학의 학습법과 수업 방식에 큰 감동을 받았다. 시험을 위한 공부가 아니고 생각을 위한 공부를 하는 곳, 평생 공부하는 습관을 배우는 곳이기 때문이다.

세인트 대학 4년간의 학습 목록을 보면 서양의 인문고전 공부로 구성되어 있다. 주입식 강의도 없고 필수 시험도 없다. 그 대신 독서와 글쓰기, 치열한 토론이 있다.

대학의 입학 허가를 받으면 100권의 인문고전이 전달된다. 대학 4

년 동안 이 100권을 읽고 토론식 학습을 한다. 자신만의 독서 노트 100권을 만드는 것으로 졸업을 한다. 수업의 방식은 생각하고 토론하기이다.

토론이 토대이기에 일방적인 강의가 없다. 교수들은 개별 전공 분야에 국한된 수업을 이끌지 않고, 다양한 주제에 대해 강의한다. 여기서는 특이하게 교수를 'professor교수'가 아닌 'tutor개인 지도 교사'라고 부른다. 교수들이 일방적으로 가르치는 사람이 아니라 학생들이 스스로 공부하도록 도와주는 사람이라는 개념 때문이다. 사실 이 튜터제制는 14세기경 영국의 옥스퍼드 대학교와 케임브리지 대학교에서 처음으로 실시되어 다른 많은 대학으로 확산되었다.

4년간 읽어야 할 고전 도서 100권

학생들은 독서 토론을 통해 분별력을 갖춰 생각하고, 쓰고, 창의적으로 표현하도록 훈련받는다. 그렇기 때문에 독서를 하지 않은 학생은 수업에 참여할 수가 없다. 더불어 매 학기 방대한 분량의 에세이를 써야 하며 교수진 앞에서 구두시험을 치러야 한다.

이런 수업 방식의 결과, 졸업생의 80%가 의대 등 대학원 과정에 진학하는 것으로도 세인트 대학의 학문적 명성은 자자하다.

이 영향을 받은 나 역시 모든 교육 현장에서 교수로의 권위나 일방적 강의보다 학생에게 맞춘 튜터식 지도로 수업을 이끌어가려고 노력한다. 이는 참여자의 놀라운 창의력을 유도하고, 스스로 공부하고 연구하는 즐거움도 장려하게 된다.

책을 늘 가까이했던 미국의 제16대 대통령 에이브러햄 링컨Abraham Lincoln은 "내가 알고 싶은 것은 모두 책에 있다. 내가 읽지 않는 책을 찾아주는 사람이 바로 나의 가장 좋은 친구"라고 말했다. 세인트 대학은 이러한 책의 유익함을 커리큘럼으로 극대화했다. 또, 단순히 읽고 마는 것이 아닌 질문하고, 대화하고, 토론하는 독서의 중요성을 보여주었다.

졸업 조건: 고전 도서 100권 목록

세인트 대학의 4년간 도서 목록을 보면 아래와 같다. 졸업 조건은 고전 100권 읽기와 토론, 글쓰기로 진행된다.

〈1학년〉

1. 호메로스: 일리아드, 오디세이
2. 아이킬로스: 아가멤논, 제주를 바치는 여인들, 에우메니데스, 묶인 프로메테우스
3. 소포클레스: 오이디푸스, 콜로노스의 오이디푸스, 안티고네, 필록테테스
4. 투키디데스: 펠로폰네소스 전쟁사
5. 에우리피데스: 히폴리토스, 바카이
6. 호로도토스: 역사
7. 아리스토파네스: 구름
8. 플라톤: 메논, 고르기아스, 변명, 크리톤, 파이돈, 향연, 파르메니데스, 테아이테토스, 소피스테스, 티마이오스, 파이드로스
9. 아리스토텔레스: 시학, 자연학, 형이상학, 니코마스코스윤리학, 생성소멸론, 정치학, 동물부분론, 동물의 생식에 관하여
10. 유클리드: 기하학원론
11. 루크레티우스: 사물의 본성에 관하여

12. 플루타르코스: 뤼쿠로고스, 솔론

13. 니코마코스: 산술론

14. 라부아지에: 화학요론

15. 하비: 동물의 심장과 혈액의 운동에 관한 연구

16. 아르키메데스, 파렌하이트, 아보가드로, 돌턴, 까니차로, 버르초우, 마리오트, 드리슈, 게이뤼삭, 슈페만, 스티어스, J.J. 톰슨, 멘델레에프, 베르톨레, J.L. 프루스트의 논문들

〈2학년〉

17. 구약성서

18. 신약성서

19. 아리스토텔레스: 영혼론, 명제론, 분석론 전편, 범주론

20. 아폴로니우스: 원뿔곡선론

21. 베르길리우스: 아이네이스

22. 플루타르코스: 카이사르, 소 카토

23. 에픽테토스: 오록, 편람

24. 타키투스: 연대기

25. 프톨레마이오스: 알마게스트

26. 아우구스티누스: 고백록

27. 성 안셀무스: 프로슬로기온

28. 토마스 아퀴나스: 신학 대전, 이단 논박 대전

49. 몬테베르디 오페라 오르페오

50. 스트라빈스키 시편 교향곡

〈3학년〉

51. 세르반테스: 돈키호테

52. 갈릴레오: 새로운 두 과학

53. 홉스: 리바이어던

54. 데카르트: 제일철학에 관한 성찰, 정신 지도 규칙

55. 밀턴: 실낙원

56. 라 로슈푸코: 잠언

57. 라 퐁텐: 우화

58. 파스칼: 팡세

59. 호이헨스: 빛에 관한 논문, 충격에 의한 육체의 운동에 관하여

60. 엘리엇: 미들마치

61. 스피노자: 신학 정치론

62. 로크: 통치론

63. 라신느: 페트르

64. 뉴턴: 자연철학의 수학적 원리

65. 케플러: 대요 6

66. 라이프니츠: 단자론, 형이상학 서설, 역학에 관한 논문, 철학논문집,
    이성에 기초한 자연의 은총에 관한 원리

**100권 읽고
토론하고 글쓰기**

_ 토론식 수업의 유익

세인트 대학은 교수, 강의, 전공 선택, 시험 등 많은 면에서 다른 대학과 크게 다르다. 커리큘럼으로 정해진 고전을 읽고 질문하고 치열한 토론을 하며 스스로 배움을 얻는다. 독서와 토론 후에는 생각을 정리해 자신만의 에세이를 써내야 한다. 이런 과정을 통해 학생들은 스스로 생각하는 방법과 평생 공부 습관을 배운다. 또한 토론식 수업이기 때문에 서로 얼굴을 마주 보고 둘러앉아 질문하며 수업한다. 굳이 교수가 개입할 필요가 없을 정도의 토론 수업이 이루어진다. 수업 시간에 나눌 책은 미리 읽어 와야 한다.

이때, 참여하는 학생이 중요하게 받아들여야 할 키워드는 '자율'이다. 스스로 읽고 토론하기를 즐기고 의견을 공유해야 한다. 질문을 통해 자신의 생각을 발전시켜야 한다. 매 수업을 위해 읽어 와야 하는 책을 읽지 않고 온다면 토론을 할 수 없다. 토론식 수업에서 말을 하지 않는다는 것은 수업 준비, 즉 독서를 해 오지 않았다는 의미이다.

이러한 자율 토론 수업에는 많은 이점이 있다. 방대한 교양을 갖춘 지식인으로 다양한 분야에서 창의적 역할을 발휘하게 됨은 물론, 사고와 표현력이 몰라보도록 높아진다.

_ 참여적 독서 학습법(독서 모임)

혼자 책을 읽다 보면 기한 없이 읽거나 흐름이 끊기기 일쑤지만, 독서 모임을 통해 함께 읽으면 목표 기한이 생기고 독서하는 끈기나 내용의 깊이 있는 탐구 등 부족한 부분을 견고하게 채우게 된다. 적극적인 토론을 통해 자신의 생각을 말하는 데 익숙해지고, 다른 사람의 생각을 경청하며 협소한 관점을 넓힐 수도 있다. 독서 토론을 하면 사고가 확장되고, 학습 효율성이 높아진다. 독서 모임, 독서 토론에는 참여적 학습 방법 특유의 효과가 있다.

나는 일찍이 '책이 답'이라는 논리를 증명하고자 독서 코칭 수업을 펼쳐왔다. 더불어 글쓰기 지도tutor 등 창작자의 활동을 돕고 있다. 그

일환으로 책 끼고 다니기, 나만의 서재 만들기, 독서 토론, 창작 글쓰기, 작가 수업 등을 실천하고 있다.

참여적 학습 방법의 중요성

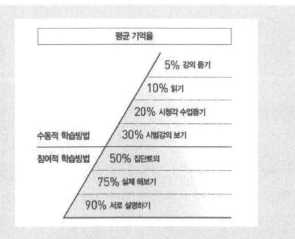

위 미국 NTL National Training Laboratories 연구소의 '학습 효과 피라미드'는 다양한 방법으로 공부한 뒤 24시간 후에 남아 있는 학습 기억률을 나타낸 것이다.

표를 보면 하단의 참여적 학습법이 수동적 학습법보다 높은 기억률을 나타냄을 알 수 있다. 결국 최고의 학습 방법은 집단토의, 실제 해보기, 서로 설명하기 등의 참여적 학습 방법이다.

Part 12

기업가의
경제 독서법

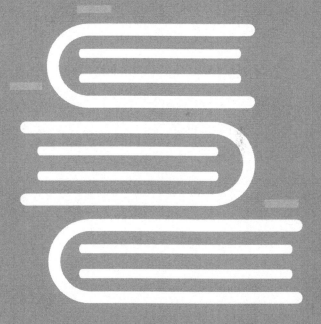

노벨 문학상
받는 법

독서는 창의적인 힘을 길러주므로, 우리나라에서도 곧 노벨 문학상 수상자가 나올 수 있다. 전 국민 대상 '독서 문화 세우기'를 통해서다.

유대인들이 노벨상을 휩쓰는 이유는 무엇일까?

모두 알다시피 유대인은 수적으로는 작은 민족이지만, 큰 부와 최고의 지성을 지닌 우수한 민족으로 평가받는다.

유대인들이 다양한 분야에서 뛰어난 성과를 내는 비결은 바로 독서를 통한 질문, 토론, 발표 등의 학습법 덕분이다. 유대인들은 다섯 살 때부터 '모세오경'을 외우고, 〈탈무드〉를 삶으로 실천한다. 독서는 그들의 삶이다. 유대인들의 경쟁력은 독서와 자유로운 사고에서 출발한다. 독서는 그들이 틀에 갇히지 않고 자유롭게 토론하는 비결이다.

미국의 철학자이자 소설가인 헨리 데이비드 소로Henry David Thoreau는 말했다.

"얼마나 많은 사람들이 책 한 권을 읽음으로써 인생에 새로운 전기를 맞이했던가."

일본 최고의 기업가, 한국인 3세로 소프트뱅크를 설립한 손정의 회장도 독서를 통해 얻은 혜안으로 사업을 해 일본 최고의 기업가가 되었다. 그는 인생의 중요 포인트마다 〈료마가 간다〉를 읽는다. 또, 그가 최고로 꼽는 책은 〈손자병법〉이다.

청년 시절의 손정의는 질병으로 인생을 포기하고 죽기로 마음먹었지만 일본의 근대화를 이끈 천년 영웅 사카모토 료마坂本龍馬의 책을 읽고 한 번뿐인 인생을 멋지게 살기로 마음을 고쳐먹는다. 독서로 인생을 새롭게 시작하며, 26살에 병원에 입원해 3년간 미친 듯이 책을 읽었는데, 무려 총 4,000여 권이었다. 그렇게 방대한 독서를 통해 얻은 혜안으로 그는 인생의 밑그림을 다시 그렸다. 미국에서 소프트뱅크를 상장시켰고, 최고의 부자 기업가가 되었다.

스티븐 앨런 스필버그Steven Allan Spielberg는 최고의 영화감독으로 손꼽힌다. 그는 기존의 틀에 갇히지 않은, 엄청나게 새롭고 창의적인 작품들을 만들어 사람들에게 즐거움을 선물했다. 〈쥐라기 공원〉, 〈A.I.〉, 〈라이언 일병 구하기〉, 〈E.T.〉, 〈조스〉, 〈쉰들러 리스트〉 등 그만의 감수성과 창의성이 담긴 작품들은 세계적인 흥행을 기록했다. 그의 뛰어난 상상력 덕분이었다.

스티븐 스필버그는 어린 시절부터 영화감독이 되겠다는 꿈을 꾸었다. 어린 시절, 그는 스스로를 지구에 불시착한 외계인이라고 생각했다. 1982년에는 자신의 어린 시절을 반영한 작품 〈E.T.〉를 발표했는데, 이는 'The extra terrestrial지구 외 존재'라는 뜻이었다. 스필버그의 성공에는 도전을 장려하고 자유로운 사고를 중시하는 유대인 특유의 문화가 뒷받침되어 있었다.

이처럼 독서는 기업가, 예술가를 넘어 인간을 창의적인 존재로 만들어주는 힘이다. 우리나라도 전 국민 독서 운동, 독서의 힘을 토대로 얼마든지 노벨상 수상자가 많은 나라로 도약할 수 있다.

지지^{知止}의 시간

홍콩에서 50년 불패경영의 신화를 이룩한 아시아의 최고 부자 리자청^{李嘉誠}의 방에는 '知止_{지지}'라는 단어가 붙어 있다고 한다. '멈춤을 알라'는 의미이다. 멈춤은 단순히 쉬는 것이 아닌 힘을 축적하는 것이다. 예를 들자면, 사냥꾼이 사냥감이 나타나면 숨을 멈추고 최대한 몸을 오그리는 것과 같다. 다시 한번 판단하는 시간이자, 최대한 힘을 모으고 추진력을 얻는 시간이다.

사람들은 리자청을 두고 '잎만 보고도 가을이 올 것을 간파하는 기업인'이라 부른다. 리자청이 남들보다 한발 앞서 시장을 읽는 능력 또한 독서에서 왔다. 독서를 통해 투자의 방향을 판단하는 데 도움을 받았다.

초등학교 교장이던 리자청의 아버지는 아들에게 책에서 길을 찾으라는 말을 수없이 했다. 아버지의 반복된 가르침 덕에, 그는 지금도 매일 잠자기 전 30분간은 반드시 책을 읽는다고 한다.[1]

미국의 제16대 대통령인 에이브러햄 링컨은 평소 두 여성에게 감사해했다. 한 명은 책 읽는 습관을 길러준 새어머니고, 다른 한 명은 〈톰 아저씨의 오두막집〉을 쓴 스토우 부인Harriet Beecher Stowe이었다. 이 책이 흑인 노예 해방운동이 일어나는 계기가 되었기 때문이다.

나는 책을 통해 여러분들이 삶에 더 정진할 수 있기를 바란다. 그러기 위해서는 독서라는 충전의 지지知止 시간이 필요하다.

나를 위한 지지(知止) 시간 가지기
....

어디든 좋다. 각자 가까운 삶의 자리에 '知止알 '지', 멈추다 '지''를 써서 붙여놓는다. 우리에게는 힘을 모으기 위한, 더 멀리 뛰기 위한 등 다양한 용도의 멈춤을 아는 '지지' 시간이 필요하다.
꾸준히 가기 위해 깊이 쉬어가는 호흡을 하자.

---

1 〈책 앞에서 머뭇거리는 당신에게〉, 김은섭 지음, 지식공간

실천하는 독서

중세 유럽의 도시 국가들 중 가장 강력하고 부유했던 곳은 이탈리아 르네상스의 꽃을 피운 문예부흥의 도시 피렌체였다. 그곳의 정치인, 지식인, 금융인들은 열정적인 독서가였고, 인문고전 광신도였다. 특히 15~17세기 이탈리아 피렌체에서 막강한 정치적 영향력을 행사했던 메디치 가문House of Medici은 자녀들에게 인문고전 독서 교육을 실시했으며, 어머니들은 그리스 로마 고전을 읽어주었다.

조선 중기의 학자이며 문신, 신사임당의 아들인 이이李珥는 〈격몽요결〉에서 "글을 읽는 자는 마음을 바르게, 뜻을 모아 정밀하게 생각하고 오래 읽어 그 행할 일을 깊이 생각해야 한다"고, "**책을 읽고 행하지 않으면 아무런 유익이 없다**"고 독서에 대한 견해를 밝혔다.

그런가 하면 유교 경전 〈중용中庸〉 20장 18절에도 "널리 배우고 모르는 것이 있으면 자세히 따져 묻고 곰곰이 생각하고, 명확하게 사물의 이치를 판단 분별하고, 배운 것은 성실히 이행하여야 한다"라고 하였다.

공자의 '삼계도三計圖'에 보면 다음과 같은 말이 있다.

"일생의 계획은 어릴 때 있고, 일 년의 계획은 봄에 있고, 하루의 계획은 아침에 있다."

봄에 씨를 뿌리지 않으면 가을이 되어 추수할 수 없고, 새벽에 일어나지 않으면 그날 할 일을 판단하지 못한다는 의미이다. 즉, 어려서 학문을 배우지 않으면 늙어서 아무것도 알지 못하게 된다는 뜻이다. 다시 말하면 큰 뜻을 세워 성공한 사람들의 습관은 뜻을 세웠으면 실천을 했다는 것이다.

미국 최초의 근대 자본가이자 철강왕으로 불리는 앤드류 카네기Andrew Carnegie에게는 천재적인 재능이란 한 조각도 없었다. 다만 뜻을 세웠으면 반드시 행동했을 뿐이었다. 그는 "보통 사람이 성공하는 요인에는 근면과 실천력밖에는 없다"라고 말했다. 즉 '실천이 답'이라는 것이다.

인생에는 지름길이 없다. 다만 실천을 통한 성공만이 있을 뿐이다. 그러므로 꾸준히 독서를 실천한다면 성장하지 않을 수 없다.

창조적인 나를 위한 선언문

① 원대하게 꿈꾼다.

② 나 자신을 VIP처럼 대접한다

③ 감사하는 마음으로 산다

④ 나의 재능을 발견한다

⑤ 우선순위를 정한다

독서 실천 운동

① 직장 내 작은 도서관 만들기

② 책장 비치하기

③ 가정 내 책꽂이 놓기

독서 활동

① 월 독서 나눔과 발표

② 책 서평 자료 제공

③ 월 1회 독서 나눔 여행

천재를 만든
독서 인문학

중국의 지성인들은 공자의 〈논어〉를 중시해 그 교육을 널리 알려왔다. 유교의 교양서적인 '사서삼경四書三經', 즉 〈논어〉, 〈맹자〉, 〈중용〉, 〈시경〉, 〈서경〉, 〈대학〉, 〈주역〉을 달달 외우고 토론하게 하는 초중고교도 적지 않다고 한다. 중국을 통일한 진나라의 시황제 역시 한비자의 사상이 담긴 책을 읽었고, 삼국시대의 위인 조조 역시 고전을 읽었다.

대표적인 월스트리트의 헤지펀드 천재로 불리는 조지 소로스George Soros는 일주일 만에 1조 원 이상을 벌어들인 적이 있다. 역시 월스트리트의 영웅이라 불리는 피터 린치Peter Lynch는 무일푼으로 시작해 13년 만에 14조 원 이상을 벌었다. 놀라운 것은 이들의 공통점이 인문학에 조예가 깊고, 사색의 시간을 가지며, 독서를 즐겼다는 것이다.

유대인들은 매일 집에서 책을 읽고 토론하며 통찰적 지식을 쌓는 것이 습관화되어 있다. 세 살 때부터 생각하는 독서를 시작하는데, 식사 이후에 쉬며 독서를 하고, 자기 전에는 부모가 자녀에게 책을 읽어준다. 다음은 유대인의 격언 중 하나다.

"만일 천사가 나타나 토라의 모든 것을 가르쳐준다고 해도 나는 거절하겠다. 배우는 과정이 결과보다 훨씬 더 중요하기 때문이다."

유대인 기업가이자 구글의 창업자인 래리 페이지Larry Page도 매일 책을 읽고 자신의 견해를 나누는 시간을 가진다.[2] 유대인 부자 기업가 빌 게이츠를 만든 것 역시 독서 습관이었는데, 구글에서 '독서하는 빌 게이츠'라는 키워드를 입력하면 책 읽는 그의 모습을 쉽게 발견할 수 있다. 그는 자신의 독서 습관이 성공에 큰 힘이 되었다고 말했다.

우리가 익히 아는 정치가, 금융인, 예술가, 기업가들은 모두 젊은 시절부터 독서가 삶일 정도로 꾸준한 독서를 실천했다.

_ 하브루타 공부법

영국 얼스터대 리처드 린Richard Lynn 교수가 발표한 세계 185개국의 평균 지능지수를 보면, 이스라엘은 국민의 평균 IQ가 94점으로 세계

---

2 〈생각하는 인문학〉, 이지성 지음, 차이

45위다. 반면 우리나라 국민의 평균 IQ는 106점으로 이스라엘보다 더 높다. 즉, 유대인들의 성공 비결이 타고난 지능, 좋은 머리가 아니라 후천적으로 만들어졌음을 알 수 있다. 유대인은 경제, 정치, 교육, 금융, 문화 전반에 걸쳐 놀라운 성과를 내고 있는데, 전체 노벨상 수상자 중 유대인이 약 30%를 차지할 정도다.

나는 유대인의 토론식 '하브루타 공부법'을 매우 중시한다. 이는 서로 다른 생각과 질문을 통해 자신의 견해를 발표하는 것이다.

그들은 서로 짝을 지어 학습하고 질문하며 토론한다. 함께 대화하며 스스로 질문의 답을 찾아낸다. 남과 다른 자유로운 생각과 답을 중시한다. 이를 '하브루타 수업'이라 부른다.

하브루타 수업은 상호 소통을 통한 지식의 전달을 추구한다. 그래서 유대인 학교의 교실은 항상 시끄럽다. 학생들은 책을 읽을 때도 머릿속으로 읽지 않고 입 밖으로 소리 내어 읽는다. 집중력이 더 높아지기 때문이다. 심지어는 몸을 움직이면서 읽기도 한다.

나 역시 수업을 하브루타 방식으로 진행한다. 그룹이나 짝을 지어 대화하고 토론하며 발표하게 한다. 함께 공부하고 내용을 되씹는 습관을 갖게 한다. 책이나 자료는 소리 내어 읽고, 자신의 의견을 스피치로 설득하게 한다. 이때 서로 눈을 마주 보고 상대방의 말을 경청한다. 들은 후에는 상대방의 논리를 반박하는 데 중점을 둔다.

〈독서와 관련된 명언들〉

다음의 독서와 관련된 명언들을 읽고 필사해주기 바란다.

▦ 미국 현대문학의 아버지, 마크 트웨인Mark Twain

"좋은 책을 읽지 않는다면 책을 읽는다고 해도 문맹인 사람보다 나을 것
이라고는 하나도 없다."

▦ 르네상스를 대표하는 인문주의 학자, 에라스뮈스Erasmus

"약간의 돈이 생길 때마다 나는 책을 산다. 그렇게 하고 남은 돈이 있을
때, 비로소 나는 먹을 것과 입을 것을 산다."

▦ 미국의 사상가이자 시인, 랠프 월도 에머슨Ralph Waldo Emerson

"책을 읽는다는 것은 많은 경우에, 자신의 미래를 만든다는 것과 같은 뜻
이다."

▦ 미국의 변호사이자 작가, 로버트 G. 잉거솔Robert G. Ingersoll

"사랑을 배워라. 특히 좋은 책을 사랑하는 법을 배워라. 세상의 모든 돈을
주고도 살 수 없는 보물이 좋은 책 안에 들어 있다. 배우고 노력하고 애쓰
지 않는다면 그 보물을 찾을 길은 없다."

▦ **영국의 공예가이자 사상가, 윌리엄 모리스**William Morris

"모든 인간 사회가 지녀야 할 즐거운 목표가 있다면 그것은 아름다운 집, 그리고 아름다운 책이다."

▦ **독일의 종교개혁가, 마르틴 루터**Martin Luther

"모든 위대한 책은 그 자체가 하나의 행동이며, 모든 위대한 행동은 그 자체가 한 권의 책이다."

▦ **전기작가, 팩스튼 후드**Paxton Hood

"읽을 책을 고를 때는 친구를 사귈 때만큼 조심해야 한다. 우리의 습관이나 성격은 친구보다 책에서 큰 영향을 받는 경우가 적지 않기 때문이다."

▦ **미국 목사이자 기독교 신학교육자, 오스틴 펠프스**Austin Phelps

"낡고 오래된 코트를 입을지언정, 새 책을 사는 일을 게을리하지 말라."

▦ **독립운동가, 안중근**

"단 하루라도 책을 읽지 않으면 입안에 가시가 돋는다."

▦ **영국의 시인이자 극작가, 로버트 브라우닝**Robert Browning

"책은 남달리 키가 큰 사람이요, 다가오는 세대가 들을 수 있도록 소리 높여 외치는 유일한 사람이다."

Part 13

써먹기 위한
독서법

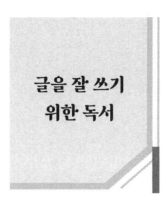

글을 잘 쓰기 위한 독서

시도하지 않고는 누구도 자신이 얼마큼 해낼 수 있는지 말하지 못한다.

– 고대 로마의 작가, 푸블릴리우스 시루스Publilius Syrus

요즘처럼 바쁜 사회에서 무작정, 막연한 독서를 하는 사람은 거의 없을 것이다. 독서든 쓰기든 명확한 목적이 있어야 읽고 적게 된다. 그러려면 자신의 상황에 맞는 독서법을 활용해 책을 읽어야 한다. 독서 계획을 세우면 밑줄을 그으며 읽고, 읽은 것은 필사나 자신의 견해를 적어 기록으로 남기는 것이 좋다.

사실 글을 잘 쓰기 위한 독서는 따로 있다. 마음에 드는 책을 반복해서 읽거나, 본받고 싶은 작가의 책을 모두 찾아 읽는 것이다. 그러면서 작가의 문체를 배운다. 그다음은 내용 파악을 넘어 어휘와 문장,

글의 구성을 유심히 살펴본다. 좋은 문장은 베껴 써보기도 하고, 무엇보다 글을 어떻게 시작해서 어떤 전개로 끌어갔는지, 마무리는 어떻게 했는지를 눈여겨본다.

꼼꼼한 독서는 글쓰기 향상에 큰 도움이 된다. 여기에 좋은 문장을 베껴 쓰다 보면 좋은 언어 표현과 문장 구조, 글의 서술 방식을 익힐 수 있다.

평소 꾸준히 책을 읽으면 많은 글감을 얻어 더 좋은 글을 쓸 수 있고, 작가로도 쉽게 성과를 낼 수 있다. 그러니 이제 시작한 책 읽기 도전에서 비켜서지 말고 정면으로 대응하라. 많이 읽는 것이 글을 잘 쓰기 위한 전략이다.

나는 다양한 주제의 글을 쓴다. 글쓰기라는 행위는 자신의 내면을 채우는 일이며, 어떤 상황이나 주제가 논리적으로 잘 맞아떨어지는지를 보는 과정이다. 그런 만큼 글을 잘 쓰려면 평소 잘 읽어야 한다. 많이 읽고, 많이 생각하고, 많이 써야 한다. 그러기 위해 글감도 틈틈이 차곡차곡 모은다.

_ 책을 분석하며 글쓰기

레오나르도 다빈치, 찰스 다윈, 뉴턴, 에디슨, 아인슈타인, 피카소 등도 독서를 한 후에는 엄청난 양을 기록했다. '쓰기'라는 목적이 있는 독서를 하게 되면 읽는 내용을 생각하고 유추하며 파악하게 된다. 자연스레 독서력이 향상된다.

① 도서 평가표 작성하기

효과적인 독서법은 읽은 후 글의 주제와 내용을 분석하고, 자신의 느낌과 견해 등을 적는 것이다.

다양한 도서 평가표를 만들어 책을 읽은 날짜와 분야, 도서의 사항, 만족도, 요약, 느낀 점, 서평, 적용할 아이디어 등을 꼼꼼히 정리하여 관리한다. 그래야 글쓰기 능력도 향상된다.

② 필사하기

핵심적인 글의 내용을 분석, 정리한 후에는 필사한다. 필사할 때는 문장의 뜻을 파악하여 적는다. 필사는 글쓰기 향상을 위한 지름길이다. 짬이 나면 책을 읽고 적는다.

③ 글쓰기

좋은 글쓰기 훈련으로는 잘 쓴 신문의 칼럼이나 에세이를 옮겨서 적어보는 것이 도움이 된다. 파악한 내용은 내 것으로 만들어 활용한다. 순간 문득문득, 갑자기 떠오르는 내용이나 글이 있다면 까먹지 않도록 메모해 글을 쓸 때 활용한다.

위의 과정을 통해 책을 읽고 글을 쓰면 분명 말하기와 글쓰기 역량이 향상된다. 책의 내용과 인상 깊었던 문장을 기록해두거나 꾸준히 서평을 쓰다 보면 책의 내용이 오랫동안 기억에 남는다. 그렇게 기억에 남아서 내가 읽은 내용을 말할 수 있어야 또 내 글에도 써먹는다. 써먹기 위해 시간과 장소에 관계없이 읽고 적는 것, 이것이 4차원 입체 독서법이다.

글쓰기는 이렇듯 읽기와 쓰기를 통해 향상된다. 결국 많이 읽는 것이 답이다. 그다음은 읽은 내용을 파악하고 생각과 의견을 글로 적고 표현할 줄 아는 능력을 더하는 것이 결정적인 성공 요인이다.

'읽기'와 '쓰기'에 집중하면 내 인생이 크게 도약하며, 강자로 바뀐다. 곧 책이 인생에 길을 낸다.

〈독서 내용 기록하기〉

좋은 독서 내용은 까먹지 않도록 요지를 꼼꼼히 적는다. 무슨 책을 읽었는지, 읽으면서 느낀 감동과 생각은 무엇인지 노트에 적는다. 나중에 찾아 적기 위해 책을 읽는 중간에 별표나 다른 부호 등으로 표시해두어도 좋다. 그때그때 본문 옆에 느낀 점이나 아이디어, 의문 등을 적어둘 수도 있다. 공간이 좁다면 포스트잇을 붙여 추가 메모하거나, 모서리 부분을 접어 표시해둔다. 혹은 본문에 밑줄을 치면서 읽는다.

이런 방식으로 독서를 하면 책이 내 것이 되며, 삶과 자기계발에 큰 도움이 된다. 독서의 기적이다.

예) 독서 요약 노트

나의 독서 요약 노트					
번호	날짜	도서명	저자	분야	내용 및 느낀 점

예) 독서 응용 노트

도서 제목		저자	
핵심 내용		선택 이유	
작가의 주장			
작가의 특징			
내 생각		적용할 내용	
출판사 및 출판 연도			

글쓰기 능력 키우기

말을 잘하고 싶다면 누구든 책을 읽고 생각하며 쓰면 된다. 쓴 것만 능숙하게 말할 수 있다. 세계 1위 하버드대학교 학생들도 평균 독서량이 많고, 많은 보고서를 쓴다. 그러므로 매일 꾸준히 읽고 쓰기를 즐겨라. 설득하는 법을 깨우치고 대화 능력을 키워라. 읽은 내용을 잘 말할 수 있다는 것은 곧 그 자체로 자신의 잠재성을 개발하며 좋은 창작 활동을 펼치고 있다는 의미이다.

인생은 읽고 토론하며 적는 일의 반복이다. 직장생활을 살펴보면 모든 업무가 일차적으로 글을 통해 이루어진다. 글쓰기를 통한 기획력과 설득력이 주요한 임무다. 글쓰기 능력은 사실 삶의 모든 분야에 크게 영향을 끼친다. 업무 보고서, 기획서, 이메일, 제안서 작성 등 대부분의 업무는 먼저 쓰고 난 후 언어로 구사된다. 즉, 글쓰기 능력은 필수다. 직장에서는 내용을 쓰고 작성하여 소통하는 것이 일반적인 행위이다.

독서가 입력 행위라면, 사고하고 토론하며 쓰는 것은 출력 행위다. 독서를 통해 자양분을 얻고, 다양한 상황을 설정하고 자신의 생각을 조리 있게 써본다. 내용의 요지를 적는다. 떠오른 아이디어는 논리적으로 잘 기록하여 글쓰기 능력을 키운다.

우리가 글을 잘 쓰지 못하는 진짜 이유는 책을 읽지 않고, 데일리 독서 루틴도 지키지 않기 때문이다. 그렇다 보니, 그 어떤 쓸거리도 머리에 떠오르지 않는다. 많이 읽어야 그만큼 더 분명한 생각을 하고 좋은 내용을 떠올려 적을 수 있다. 흔히 쓸 엄두가 나지 않아 글을 못 쓰겠다고 말한다. 생각이 결핍되어 무슨 내용을 써야 할지 주제와 글의 방향을 제대로 잡을 수 없기 때문이다.

창의적 글쓰기에 필요한 쓸거리를 얻기 위해서는 독서가 먼저다. 글쓰기를 시작하기 전에 먼저 독서를 실천해야 한다. 일단 독서를 시작하면 여러 부분에서 많은 변화를 경험할 것이다. 글쓰기 특급기술로는 역시 맹렬한 독서가 제일이다. 글쓰기 능력은 삶을 풍요롭게 만들며, 개인의 생산성에 지대한 영향을 끼친다.

이제 책을 쓴 저자 중심이 아니라 나 중심의 독서를 하자. 꼭 필요한 책을 신중히 취사선택하여 읽는다. 읽고 싶은 부분 위주로 집중하여 읽는다. 그러고는 여유 시간이 생기면 다시 남겨두었던 부분을 읽는다. 이러한 독서 태도는 하루 한 권 독서를 가능하게 한다.

'하루 한 권 독서'는 많은 사고를 유도하고, 쓸거리를 눈앞에 펼쳐준다. 세상을 보는 눈이 밝아지고, 시야도 넓어진다. 넓어진 호기심에 이끌려 끊임없이 질문하고 발견하다 보면, 새로운 경지를 개척한다.

분명 독서는 우리의 삶을 바꿔줄 것이고, 인문 지식을 갖춘 창의적 인재로 만들어줄 것이고, 나아가 우리의 삶을 참행복으로 이끌어줄 것이다.

일상적 글쓰기

글을 잘 쓰려면 평소 다양한 소재를 찾는 독서 습관이 필요하다. 그래서 책은 물론이고, 각종 뉴스, 기획, 리포트 등 여러 이야기와 현상들을 사색하고 취재하는 기자의 자세로 읽어야 한다.

평소 독서와 연계한 쓰기 습관을 기본으로 들여 읽고 쓴 자료가 자연스레 쌓이면 곧바로 연재와 출간도 가능하다. 평소 기회가 닿는 곳에서 글이나 북 리뷰를 꾸준히 쓰고 나누는 습관이 중요하다. 이야깃거리는 읽은 책이나 실생활에서 채취한다.

각자 처한 상황에 따라 다르겠지만, 독서, 여행, 사색, 경험, 만남 등 일상에서 겪는 사건에서도 글감을 수집할 수 있다.

글쓰기가 어렵다면 글쓰기 습관을 들이고, 향후 기억하고 활용할 수 있도록 간단한 북 리뷰부터 차곡차곡 작성해보자.

간단한 북 리뷰 작성법

① 중요 키워드 적기

② 중요 문장 적기

③ 책 내용 세 줄로 요약하기

④ 의미 있는 문장 필사하기

⑤ 책에서 배운 점 실천하기

화려한 언어
구사 능력 키우기

언어 구사 능력이란 말과 글을 바르게 이해해 정보나 자신의 의사를 말과 글로 정확하게 표현하는 능력이다.

언어 구사 능력을 키우기 위한 가장 좋은 방법은 책을 읽다 좋은 문장이나 글귀, 인용문을 발견하면 메모해두었다가 활용해 글을 써보는 것이다. 예를 들어, "철근으로 와이어를 만들면 길이가 7배 늘어나며 힘도 7배 강해진다"는 멋진 인용문을 보았다면 기억해두었다가 글쓰기에 필요할 때 활용하는 것이다. 이는 철근을 길게 늘이면 가늘어져 오히려 약해질 것 같지만, 가는 것들을 여러 개 합치면 본래 철근보다 더 강해진다는 의미이다.

비슷한 예화도 있다. 몽골제국의 시조인 칭기즈 칸Chingiz Khan은 자신이 글을 읽고 쓸 줄 모르는 문맹이었음을 가장 후회스러워했다. 그래서 적국의 지식인은 해치지 않았다. 그는 자신의 아들들이 대립하고 분열하자 화살을 가져오게 해 각자 하나씩 꺾게 한 다음 다시 여러 개를 합쳐서 꺾게 했다. 화살 여러 개를 합치면 쉬이 꺾을 수 없음을 보여주면서 다투지 말고 서로 단결하라는 가르침을 건넸다. 매일 글쓰기 역시 이렇듯 쉬이 꺾이지 않는 힘과 같다.

다음은 언어 구사 능력을 키워줄 7가지 재료다.

언어 구사 능력을 키워주는 재료

① 속담과 격언

② 책이나 영화에서 나온 대사

③ 방송이나 유명인이 사용한 말

④ 주변 지인들의 말이나 선생님들의 가르침

⑤ 책이나 기타 인터넷 등에 나오는 각종 경구

⑥ 공식이나 통계자료

⑦ 풍성한 어휘력과 문장력 공부

좋은 글귀들은 평소 숙지해두면 글을 쓸 때 활용하기 좋다. 책을 읽을 때도 좋은 글귀는 따로 옮겨 적어둔다. 형광펜이나 연필로 밑줄을 긋고, 여백에 떠오른 생각을 메모하며, 좋은 글은 몇 번이고 되뇌며 가슴에 새긴다. 이러한 과정은 언어의 표현법과 문장의 구조, 글의 서술 방식을 익히게 하고, 곧 자신만의 문장을 만들어내게 돕는다.

_ 정약용의 실용 독서법

다산 정약용 선생은 독서 전략으로 정독精讀, 질서疾書, 초서抄書를 활용했다. '정독精讀'은 새로운 것을 발견하기 위해 책의 내용을 면밀하게 읽는 것이다. '질서疾書'는 책을 읽으면서 깨달은 것을 잊지 않기 위해 그때그때 메모하는 것이다. '초서抄書'는 책을 읽다가 중요한 문장이 나오면 그대로 옮겨 적는 발췌다.

> 한 권의 책을 골라서 정독하기 →
> 메모하면서 읽는 질서하기 →
> 베껴 쓰는 초서하기

정약용 선생의 독서 전략은 정말 실용적이다. 읽은 내용 중 좋은 문장, 어휘, 명사, 동사, 고사성어 등이 있다면 밑줄로 표시한 후 옮겨 적는다. 그대로 실천해보자. 머지않아 책 읽기, 글쓰기, 말하기에 능한 사람이 되어 있을 것이다. 화려한 언어 구사 능력이 생길 것이다.

〈독서 실천 요지 적기〉

1. 요즘 읽고 있는 책의 요지를 간략하게 적어보자.

_____

_____

2. 최근에 읽었던 글귀 가운데 오래도록 기억에 남는 말을 인용해 짧은
글을 써보자.

_____

_____

_____

_____

3. 자신이 일상에서 자주 사용하는 말이 무엇인지 생각해보고 적어보자.

_____

_____

_____

4. 책에서 읽었거나 누군가에게 들었던 말 중에 감동적이었던 구절이 있다면 적어보자.

_____

_____

_____

5. 요즘 읽고 있는 책에서 좋은 인용구를 골라 활용해 짧은 글을 써보자.

_____

_____

_____

5. 한 주간에 자신에게 의미 있었던 대사나 글귀나 격언을 찾아서 자유롭게 글을 써보자.

_____

_____

_____

_____

〈매일 에세이 쓰기〉

영국의 정치인이자 역사가 로드 액턴Lord Acton은 "읽는 것만큼 쓰는 것을 통해서도 많이 배운다"라고 말했다.

요즘 글쓰기 능력은 경쟁력이다. 글을 잘 쓰면 주변 사람들로부터 인정을 받는다. 책을 읽어도 글쓰기 역량이 향상되지만, 직접 써야만 는다.

매일 생각을 잘 정리해서 적는다. 순간의 생각을 놓치지 않으려면 반드시 평소 글감을 모으고, 생각이 떠오르면 메모해두었다가 옮긴다.

매일 주제를 정해 이야기를 구성하여 글을 쓴다. 글쓰기의 기본 구조는 다음과 같다. '매일 글쓰기 양식'으로 삼아보자.

주제 _____

도입부

_____

_____

서론

_____

_____

_____

_____

본론

_____

_____

_____

_____

_____

_____

결론

_____

_____

_____

맺는말(적용과 실천)

_____

_____

_____

Part 14

만 권
독서법

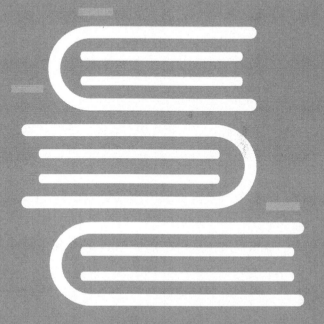

이황의
만 권 독서법

_ 만 권의 책 속에 묻혀 지냈다

하루하루를 만 권의 책에 묻혀 지낸다. 일만 권의 책 속에서 글을 읽고 쓰며 강의를 한다. 독서는 사람이 살아가는 동안 평생 할 일이다. 독서를 통해 깨달아 얻는 것이 너무도 많다. 내게 만 권 독서의 동기를 준 사람은 퇴계 이황 선생이다.

조선 중기 문신이자 학자였던 퇴계 이황李滉, 1501~1570 선생은 젊은 날 책 만 권을 사랑하여 실로 그렇게 많은 책을 읽었다. 임금이 높은 벼슬을 내렸는데도 조용히 학문을 연구하며 제자 기르는 일을 최고의 즐거움으로 삼았다. 퇴계는 어릴 때부터 시문에 능통하여 10살 때부터 홀로 독서와 사색에 정진하였고, 15살에 이미 시를 지었다. 다음은 1519년중종 14년 그의 나이 19세에 자신의 심정을 노래한 시다.

獨愛林盧滿卷書 (독애림노만권서)

一般心事十年餘 (일반심사십년여)

爾來以與原頭會 (이래이여원두회)

都把吾心看太虛 (도파오심간태허)

유독 숲속 오두막의 만 권 책을 사랑하여

한결같은 마음으로 어느덧 십 년이 지났구나

근래에는 근원을 깨달은 듯하여

내 마음 바로잡고 허공을 바라본다

- 이황, 〈퇴계집〉

　퇴계 이황 선생의 만 권 독서 비결은 아버지가 물려준 수많은 책들에 싸여 보낸 어린 시절이 있었기에 가능했다. 그는 어릴 적부터 매일 책 읽기를 쉬지 않았다. 또, 독서로 터득한 바를 기록했다.

　나 역시 만 권 읽기의 비법은 바로 연구소에 가득한 책 덕이었다. 즉, 일상에서 쉽게 책을 접할 수 있었기에 다독多讀이 가능했다. 앞서 말했듯, 다독은 글을 잘 쓰는 첫 번째 비법이기도 하다.

　이황은 책을 읽고 난 후에는 의문을 가지고 사색하는 삶을 실천했다. 또다시 읽는 반복 독서법을 통해 책을 익숙하게 즐겼다. 그래야만 마음에 남는 것이 있으며, 흐뭇한 맛이 남는다고 하였다. 그러한 즐거운 독서는 결국 그의 인생에 큰 밑거름이 되었다.

퇴계 이황 선생이 우리에게 남긴 만 권 독서법은 다음과 같다.

"오직 익숙해질 때까지 읽어야 한다."

"독서할 때 가장 중요한 방법은 옛 성인과 현자의 말과 행동을 겉으로 드러내지 않으면서도 마음속 깊이 새겨 묵묵히 음미하는 것이다."

"낮에 독서한 것은 반드시 한밤중에 골똘히 생각하고 풀어보아야 한다." - 〈퇴계선생 언행록〉

독서는 지식보다는 사고방식에 영향을 준다. 만약 한 분야의 책을 100권 이상 읽는다면 전문가적 식견을 얻을 수 있을 것이다. 여기에 다른 분야의 지식이 더해진다면 창의적 도약이 가능해진다. 그러므로 무려 만 권의 독서를 했다면 자신의 분야에서 무언가를 생산해내지 않기도 어려울 것이다.

독서를 즐기는 창의적인 사람이라면 책의 지식을 자신의 업무에도 접목해 활용할 수 있는 사람이다. 그러므로 분명 독서는 사회적으로 성공하는 데 도움이 된다. 어떤 사람에게는 부를, 어떤 사람에게는 생산적인 성과를 가져다줄 것이다.

그러려면 역시 책의 처음부터 강조했듯, 다독할 수 있는 환경이 되어야 한다. 일상 속에 늘 책이 가까이 있어야 하고, 독서를 통해 창의적인 확장성을 갖춰야 한다. 그리고 되풀이해 생각하고, 생각을 확장해 나눠야 한다.

주자의 독서삼도

중국 명나라 학자이며 정치가인 고반룡高攀龍, 1562~1626은 "보고 듣는 것이 넓어지어 앞으로 나아가면 생각이 넓어져 재주가 발전한다. 그러나 이 모든 것은 독서를 통해서만 얻을 수 있다"라고 말했다. 이는 '읽기-생각하기-쓰기'의 기본 패턴이기도 하다.

公孙弘【西汉】

한나라의 제7대 황제 무제武帝는 나이 60이 넘어 출사한 공손홍公孫弘, BC 200~121을 발탁한다. 무제의 두터운 신임을 받은 공손홍은 어사대부를 거쳐 재상의 지위까지 오른다. 그는 젊어서 죄수를 감시하는 옥리 생활을 했으나 불미스러운 일로 관직에서 쫓겨나 돼지를 키우며 곤궁하게 살아야 했다. 그는 생계를 위해 돼지의 오물을 치우면서도 나머지 한 손으로는 독서를 멈추지 않았다. 그는 나이 40이 지나 학문에 뜻을 두어 고전 역사서 〈춘추공양〉과 〈잡가〉를 공부했고, 무려 20여 년간 이 책을 반복해서 읽었다. 그렇게 공부한 덕에 다시 황제무제의 신임을 얻어 승상의 자리에 오를 수 있었다.

공손홍이 나락에서 다시 재상의 지위에 오른 계기는 무엇일까? 바로 힘든 삶의 밑바닥에서조차 맹렬히 몰두한 독서다.

배움이 없는 삶은 위태롭다. 독서는 위기에서 굴하지 않고 준비한 자에게 기회를 만들어주었다. 공자도 끊임없이 배우는 독서를 가장 수준 높은 삶의 공부로 정의했다. 일생을 바쳐 성리학을 집대성한 주자朱子, 1130~1200도 독서를 누구나 마땅히 해야 하는 공부라고 정의했고, 세상의 수많은 공부법 중 가장 중요한 것으로 꼽았다. 주자는 71세에 세상을 떠날 때까지 80권이 넘는 책을 저술했고, 학자들과 2,000여 통의 편지를 주고받았다. 주자의 독서법인 '독서삼도讀書三到'는 다음과 같다.

"책을 읽는 요령은 눈으로 보고안도: 眼到, 입으로 소리 내어 읽고구도: 口到, 마음에서 얻는 것심도: 心到이다. 이 중에서 제일 중요한 것은 마음에서 얻는 것이다."

독서가 습관화되어 경지에 이르면 마음에서 우러나 쓸 말과 글이 생긴다. 즉, 정신을 집중해서 책을 읽으면 마음으로 얻는 것이 생긴다.

김득신의
반복 독서법

　다산 정약용 선생은 "독서에 부지런하고 빼어난 이로는 백곡栢谷이 제일"이라고 칭찬했다. 조선 최고의 시인 백곡 김득신金得臣, 1604~1684은 〈고문삼십육수독수기古文三十六首讀數記〉에 고문古文을 읽은 횟수를 적어 놓았다. 사마천 〈사기〉 '백이전'은 무려 1억 1만 3천 번 읽었다고 기록했다. 그래서 김득신의 이름 앞에는 '독서왕'이라는 독특한 수식어가 붙는다.

　김득신은 어려서 천연두를 앓으면서 지각 발달이 늦고 아둔했다. 남들보다 늦은 10살이 되어서야 비로소 글을 깨쳤다. 하지만 글을 석 달이나 읽고도 첫 구절 26자를 외우지 못할 정도로 머리가 나빴다. 김득신의 아버지 김치金緻는 그가 좌절하지 않도록 격려해주었다. "학문의 성취가 늦어도 성공할 수 있다. 읽고 또 읽으면 대문장가가 될 수 있다"고 가르쳤다.

　김득신은 자신만의 독서법을 찾아 노력에 노력을 거듭했다. 아버지의 가르침대로 읽고 또 읽었다. 남들이 1번 읽을 때 10번 읽었고, 남들이 10번 읽으면 100번, 1,000번 읽었다. 타고난 자질이 부족했지만, 유독 책만은 밤낮으로 부지런히 읽었다. 그가 자신이 만 번 이상 읽은 책만 〈독수기〉에 적어놓았는데 무려 36권이나 된다.

　독서왕 김득신은 어떤 환경과 어려움에도 굴하지 않고 오직 한 길, 책만 읽고 또 읽었다. 그러던 1662년, 그의 나이 59세에 꿈에 그리던 과거에 급제했다. 결국 김득신은 바보에서 조선 최고의 시인이 되었다.

　참으로 감탄하지 않을 수 없다. 반복의 힘은 역시 세다. 반복 독서법에는 그 누구도 당할 자가 없다. 그래서 센 독서가는 읽고 또 읽고 읽다. 다시 읽는다.

　김득신의 대표작으로 꼽히는 '용호龍湖'는 용산에 있는 정자에서 바라본 한강의 모습을 그린 시다. 이 시는 효종孝宗으로부터 "백곡의 '용호'는 당나라 시에 견줄 만하다"고 크게 칭찬을 받았던 시이기도 하다. 참으로 그림 같은 풍경이 그려지는 시구이다.

　　　古木寒煙裏(고목한운리)
　　　秋山白雨邊(추산백우변)

暮江風浪起(모강풍랑기)

漁子急回船(어자급회선)

고목은 찬 구름 속에 잠기고

가을 산에는 소낙비 들이친다

저무는 강에 풍랑이 이니

어부가 급히 뱃머리를 돌리네

- 김득신, '용호'

만 권 독서법에
앞선 요령

중국 위진남북조 시대 후위後魏의 규탁발규. 拓拔珪 임금이 박사 인선에게 "천하의 물건 중 무엇이 사람에게 지혜를 보태줄 수 있는가?"라고 물었다. 이에 인선은 "**책만 한 것이 없습니다**"라고 답했다.

나는 역동적으로 살고자 결심하며 한 가지, 성공한 사람들이 쓴 책을 많이 사서 많이 읽고자 했다. 내가 만 권 독서를 할 수 있었던 것은 서재에 1만 권에 달하는 책이 있었기 때문이다. 나는 처음부터 책을 많이 읽겠다는 욕심은 내지 않았다. 대신 독서하는 즐거움을 누렸고, 틈틈이 책 읽기를 즐겼다.

만 권 독서법은 틈이 나면 한 페이지라도 읽는 것이다. 손에 책을 들고 다니면서 목차와 차례, 서론을 읽고, 필요한 부문을 먼저 읽는다.

독서에 능숙해지고, 독서 뇌로 단련이 되면 그다음부터는 정독과 반복 독서가 가능해진다.

독서법 중 속독速讀은 원하는 정보를 찾거나 필요 요점을 파악하기 위해 빠르게 읽는 독서법이다. 다독多讀은 넓고 다양하게 읽되, 마음을 울리는 부분을 여러 번 반복해서 읽는 것이다.

주의할 것은 만 권 독서는 속도가 아닌 넓이에 맞춘 독서법을 권한다는 점이다. 처음부터 깊이 있게 독서하려면 어렵다. 시작은 흥미를 끄는 부분에 의의를 두고 먼저 읽는다. 선택한 책에서 원하는 지식이나 정보를 빨리 얻어야 지속적으로 책을 보는 습관이 생긴다.

책을 들고 다니면서 빨리 필요한 곳만 읽고는 수시로 읽지 않은 부분까지 확대해가며 읽는 방식이다. 글의 구성이 피라미드라면, 맨 윗부분만 읽고 나머지는 우선 버린다. 그다음 다시 흥미를 끄는 부분을 찾아 맨 아래까지 읽어나간다.

다시 강조하지만 만 권 독서법은 나중에 다시 읽는다는 것을 전제로 중요한 부분을 걸러 내면서 읽는 방식이다. 관심 있는 분야의 책은 제목이나 목차, 서론만 읽어도 중요한 부분이 보인다. 가볍고 넓게 독서한다. 그렇게 관심 분야의 책을 차츰 정독하여 자신만의 전문지식을 갖추면 나날이 원하는 정보를 빠르게 습득할 수 있다. 확장 독서가 가능해진다. 결국 만 권 독서법은 관심 분야의 전문지식을 갖추고 있어야 최종 달성 가능하다.

_ 표지와 차례로 좋은 책을 찾는 법

맨 처음 책을 접했을 때 다음 항목부터 먼저 챙겨 읽는다면 책의 전체 내용을 반 이상 읽은 것이나 다름없다.

· 앞표지의 제목과 부제, 카피

· 저자 소개

· 서문

· 차례

· 뒤표지의 책 소개글

· 색인이나 참고 문헌

차례는 책의 내용을 한눈에 파악하기 쉽게 만들어진 지도와 같다. 차례를 통해 책의 주제, 전개 방식, 수준을 바로 확인할 수 있다. 다음으로 중요한 것은 저자 소개이며, 저자가 쓴 서문으로는 책의 전체 흐름을 파악할 수 있다. 이렇게 책을 읽기 전에 어떤 내용이 담겨 있는지 대략 파악하고 읽는다면 책을 더 효율적으로 읽게 된다.

목차를 본 뒤에는 필요한 부분을 정독한다. 본문 중 굵은 글씨, 색상 처리된 내용, 각 장의 서두, 머리말과 후기, 숫자, 도표, 고유 명사 등은 꼭 파악하여 읽는다. 서론과 필요한 부분은 천천히 읽는다. 특히 읽지 않을 장이나 내용을 건너뛰는 일에 능해져야 한다. 건널 내용은 과감하게 지나간다. 처음에는 이 가려 읽기가 힘들지만 익숙해지면 쉽게 가려낼 수 있다.

자신에게 필요한 정보를 재빨리 알아내기 위해서는 형광펜이나 연필로 중요한 부분을 동그라미 치거나 밑줄을 그으며 읽어도 좋다. 긴 내용을 메모할 때는 포스트잇을 붙인다. 한눈에 보이도록 특별한 표시를 한다.

이런 방법들은 여러모로 유익하다. 나중에 다시 찾아볼 때 쉽게 알아볼 수 있게 하며, 책의 핵심을 숙지하게 도와준다.

_ 핵심 위주로 읽기

조선 후기의 문장가 홍길주洪吉周, 1786~1841의 〈수여방필〉을 보아도 눈길이 가는 곳만 골라서 책을 읽을 것을 권한다. 그는 핵심적인 부분을 파악하며 읽는 독서의 중요성을 강조했다. 홍길주는 사마천의 〈사기〉 '화식열전'을 200번 읽었다고 한다.

그의 독서법을 보면 문장은 책에 있는 게 아니다. "물과 공기, 산천과 사람들이 바로 '문장'이며, 그것을 보고 듣는 게 '독서'"라는 특이한 주장을 펼쳤다.

책을 수없이 반복하여 읽어도 식견이 늘지 않는 사람이 있는 반면,

단번에 핵심을 모두 파악하는 사람이 있다. 연습하다 보면 독서 시 핵심적인 부분에 절로 눈길이 가닿는다. 그래서 책 한 권을 전부 읽지 않고도 독서의 보람을 얻을 수 있다. 핵심을 파악하며 가려 읽는 독서가 중요하다.

홍길주 선생의 〈지지당설止止堂說〉에는 인상 깊은 문구가 나온다.

> 위험한 곳을 만나 멈추는 것은 보통 사람도 할 수 있지만
> 순탄한 곳을 만나 멈추는 것은 지혜로운 자만이 할 수 있다.
> 그대는 위험한 곳을 만나 멈췄는가?
> 아니면 순탄한 곳을 만나 멈췄는가?
>
> - 홍길주, 〈지지당설〉

누구에게나 순탄한 곳을 만나 멈추는 것이 더 어렵다. 순탄한 곳에서는 문제의식 없이 안주하기 쉽기 때문이다. 그래서 홍길주 선생은 순탄하게 잘 가고 있을 때 브레이크를 거는 용기를 '지혜'라 말한다. 그때가 독서가 필요한 시기, 독서의 적기다.

하루 10권
독서법

난 책만 읽어도 먹고 살 수 있다고 본다. 또 작정하여 하루 20~30권의 책을 구입해 읽는다.

내가 하루 10권 독서를 할 수 있었던 것은 만 권의 책을 사서 서재에 가득 채웠기 때문이다. 온종일 독서하는 날은 하루 20~30권의 책을 훑어 읽는다. 장르는 중요하지 않다. 시집, 트렌드, 철학, 경영, 의학 등 가리지 않고 쭉 읽히는 대로 넓혀가면서 읽는다. 그러기 위해 아무 때나 볼 수 있게 책을 가까이 둔다. 차에도 책이 실려 있고, 당연히 가방에도, 사무실에도, 집에도 책이 있어 늘 쉽게 접한다.

집중력이 좋은 아침에는 꼭 책을 읽는다. 점심때는 흥미가 넘치는 책을 읽는다. 잠깐 밖에 나갈 때도 책을 들고 나간다. 식사할 때도 당연히 책을 가지고 나간다. 틈틈이 읽거나 생각난 것은 적는다. 이렇게 하루 일상에서 몸에 늘 책을 붙이고 다녀야 읽고 적을 수 있다.

　나는 한 번에 관련 도서 여러 권을 동시에 본다. 읽다가 흥미가 없고 좀 어려우면 잠깐 덮고 다른 책을 읽는다. 다시 읽던 책으로 돌아와 읽는다. 의무감 없이 즐긴다. 서로 다른 분야의 책을 함께 읽어도 장점이 많다. 우선 하루에 다양한 분야의 지식을 접할 수 있어 행복해진다. 서로 다른 분야가 알려주는 색다른 내용을 동시에 만날 때 환희가 있다. 반대로 유사한 책을 함께 볼 때는 상승효과가 일어나 그 분야에 복합적이며 지적인 깊이가 생긴다. 책 읽기가 즐거워진다.

　난 애초에 책을 주문하거나 서점에서 고를 때도 한 번에 관련 도서 10권 정도를 함께 구매한다. 주제와 관련된 책을 동시에 읽으면 독서의 힘이 배가된다. 창의적 뇌로 활성화되는 보상을 얻는다. 공통점을 찾기보다는 차이점에 더 주목해가는 지식의 깊이가 생긴다.

　이렇게 흥미를 붙여 읽다 보면 한 달에 100권 읽기가 거뜬히 가능해진다. 물론 어려운 책은 읽는 데는 시간이 더 걸린다. 그러나 하루 10권 독서가 불가능하지 않음을 잊지 말라.

Part 15

마르고 닳도록
독서법

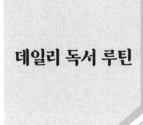

데일리 독서 루틴

바쁜 현대인들이 데일리 독서 루틴을 지키기 위해서는 책 읽기에 대한 선입견에서 벗어나야 한다. 현대사회에서 앞으로도 한가하고 넉넉하게 책 읽을 시간은 없을 것이다. 말했듯, 독서는 바쁜 와중에도 틈을 내어 읽는 것이다. 즉, '데일리 독서 루틴'이란 일상의 범주를 효과적으로 활용하는 일이기도 하다. 독서의 시작은 독서 시간을 확보하기 위한 하루의 효율적인 활용이다. 짬짬이 시간을 내면, 숨 쉬듯 독서가 가능하다.

> 데일리 독서 루틴 = 바쁜 와중에도 틈을 내어 읽는다.

책을 처음부터 끝까지 꼼꼼히 정독해야 한다는 생각부터 버려야 한다. 정독의 함정에서 빠져나와 핵심 위주의 책 읽기를 시도한다. 나 중심의 독서를 한다. 자신에게 필요한 내용 위주로 선택하여 집중하여 읽는다. 때론 비판적이고 창의적으로 대한다. 의문을 갖고 책저자과 대화를 한다. 그저 읽는 데 그치지 말고, 창의융합적인 자신의 글로 적고 자신의 언어로 표현한다. 그런 뒤, 삶에 적용해 실천하려고 노력한다. 중요한 부분을 노트에 적거나, 다 읽은 뒤 핵심 내용을 간추리거나, 정리한 서평을 나누면서 말이다.

독서는 즐겁고 신나며 행복하자고 하는 것이다. 그렇게 책 읽기가 즐거워지면 책이 나의 일상으로, 데일리 독서 루틴으로 자리 잡는다. 그렇게 독서 습관이 형성되면 행복한 삶으로 변화가 시작되며 더욱 의미 있는 삶으로 바뀌게 된다. 나를 바꾸는 가장 큰 혁명이다.

· 책을 보내주는 리더

오늘 집에 큰 택배가 도착했다.
오랜 시간 인문학 모임을 함께 하고 있는 박영훈 대표가 독서 나눔의 일환으로 책을 보내주었다. 두툼하고 유명한 책들이었다. 그는 여전히 독서 경영을 실천하고 있는 진정한 리더다.

_ 탐사 정신

사람들은 종종 왜 책을 읽느냐고 묻는다. 내 답은 한마디로 창의성과 리더의 자질을 기르기 위함이다. 독서는 삶의 위안이 되고 문제 해결의 실마리를 준다. 삶에 새로운 촉수를 만들어주어 삶이 전보다 풍요로워진다. 책을 읽고 나면 삶의 속도가 늦춰져 볼 수 있는 게 훨씬 많아진다. 그렇게 새로운 꿈을 품게 된다.

내가 책을 가까이하며 달라진 것이 바로 탐사 정신이다. 그동안 세상살이의 속도가 빨라서 관찰하지 못했던 상황을 천천히 살피며 심호흡할 수 있는 여유가 생겼다. 그 느린 속도는 세심한 관찰력으로 발휘되었다. 마치 탐사하듯 자세히 살펴보고 조사해내고 표현하게 되었다.

책에는 길이 있고 답이 있다. 그러나 공짜는 없다. 책에서 답을 찾으려면 충분한 시간을 내어 일단 책을 읽어야 한다. 그런데 많은 사람들이 한 권의 책도 못 읽고는 힘들다고 포기한다.

다시 강조하지만, 최고의 독서법은 책을 늘 가지고 다니면서 마르고 닳도록 읽는 것이다. 하루 10분이라도, 하루 한 페이지라도 탐사 정신으로 읽는다. 꾸준히 읽다 보면 삶이 달라진다. 어느새 책으로 인해 인생이 바뀌고 있음을 실감하게 될 것이다.

고른 책은
진지하게 읽기

나의 지식과 사고, 뜨거운 열정과 창의적 발상은 모두 독서를 통해 얻은 결과다. 수십 권의 책을 집필하고 다양한 분야에서 강의할 수 있었던 힘 역시 독서 덕분이었다.

나는 읽을 가치가 있다고 판단되는 책은 일단 사고 본다. 물론 미리 보기를 통해 읽고 선택하기도 한다. 하지만, 실제로는 내용이 미리보기에 미치지 못하는 경우가 더 많다. 완전 다른 경우가 허다하다. 이러한 시행착오를 거친 후로는 주로 중고 책방에서 책을 많이 고르는 편이다. 직접 읽어서 확인해본 후 구매한다. 책을 고를 때도 다른 분야나 다른 책과의 관련성을 생각하면서 이곳저곳, 이 책 저 책 등을 살펴보며 고른다.

시각장애인은 손가락으로 점자를 만져 글을 읽는다. 이때 손끝을 좌우로 움직이며 점의 높낮이를 확인하며 읽는다. 나 역시 독서를 오른손 손끝으로 느끼며 뇌로 읽는다. 손끝을 따라 눈을 옮겨가며 읽어 내려간다. 책을 손끝으로 만져보고 느끼며 읽는다.

서문만 읽은 책도 있고, 필요한 부분만 선별해 읽은 책도 많다. 구입 후 한 번도 펼쳐보지 않은 책들도 있다. 결국은 읽게 되고 다시 보게 된다. 접어놓고 표시하고 들고 다니다 보면 어느새 다 읽는다.

하지만, 나는 고전이나 경전, 전문서적일수록 속독으로 읽지 않는다. 물론 목적을 위해서 정해진 시간 안에 많이 읽어야 할 때는 빨리 읽지만, 속독은 내가 사용하는 수많은 독서법 중의 하나일 뿐이다. 내가 권하는 가장 좋은 독서법은 선택한 책을 천천히 깊이 정독하는 것이다. 사고의 확장이나 새로운 아이디어 대부분은 천천히 읽는 독서를 통해 얻어진다.

독서에 근본적으로 흥미를 갖는 것이 중요하다. 책 읽기에 흥미를 가지면 여러 면으로 달라진다. 사고력뿐만 아니라 시야도 넓어지고 인간관계도 좋아진다. 즐거움은 진지함으로 변모한다. 진지한 독서는 자신을 성찰하게 하고, 일이나 삶에 읽은 바를 어떻게 활용할 것인지를 고민하고, 이를 경험하게 한다. 자신에 딱 맞는 좋은 책을 찾아 진지하게 정독하면, 나중에는 독서력이 키워져 짧은 시간에 많은 서적을 관심 있게 읽게 된다.

_ 신중하게 고르기

책은 닥치는 대로 특별한 목적도 없이 끌리는 대로 읽을 수만은 없다. 책 선택은 탁월해야 한다. 책은 신중하게 골라야 한다. 신중하게 고른 책은 진지하게 읽는다.

책을 선택하는 방법은 여러 가지다. 평소 관심 있거나 추천받은 책을 읽는다. 또는 직업이나 일과 관련된 분야의 책을 읽어도 좋다. 과거에 읽고 싶었으나 바빠서 읽지 못한 책도 좋다.

책을 고르기가 어렵다면 필히 서문을 읽자. 핵심이 담겨 있다. 서문을 꼼꼼히 읽는 것만으로도 해당 책을 택할지 말지에 큰 도움이 된다.

내 삶을 바꾸는
기적의 독서법

_ 정병태 교수의 독서법

내가 즐기는 독서법 중 하나는 깊은 감동을 준 작가의 책을 모조리 사서 두고두고 반복 독서를 하는 것이다. 시간을 내어 다시 꺼내 읽고 거듭 읽는다. 이전보다 감동이 깊어진다. 좋은 책은 마르고 닳도록 반복하여 읽는다.

다독할 때는 먼저 다양한 책을 많이 읽고, 같은 책을 반복해서 읽는다. 다독은 높은 수준의 지식을 습득시켜 의식을 고양한다. 마음에 스며들도록 몇 번이고 반복해서 읽으면 성찰력이 깊어진다. 새로운 도전을 통해 인생 변화의 기회가 생긴다.

_ 이종석 교수의 독서법

내가 오랜 시간 알고 지내온 이종석 교수는 이미 고등학교 때 〈적극적인 사고방식〉, 〈신념의 마력〉, 〈인생의 길은 열리리라〉라는 세 권의 책을 무려 100번 이상 읽었다. 현재도 이 책들을 반복하여 읽고 있다.

_ 공자의 독서법

중국 사상가 공자는 만년에 〈주역〉을 좋아하여 자꾸 숙독하였기 때문에 책을 맨 가죽끈이 세 번이나 끊어졌다고 한다. 고사에서는 이를 사자성어로 '위편삼절韋編三絶, 가죽으로 맨 책 끈이 세 번이나 닳아서 없어진다'이라 부른다.

_ 세종대왕의 독서법

세종대왕의 독서법은 백 번 읽고 백 번 베껴 쓰는 '백독백습'이었다. 어릴 적 세종은 중국 북송의 대문호로 알려진 구양수歐陽脩와 소동파蘇東坡가 쓴 편지를 엮은 책 〈구소수간歐蘇手簡〉을 무려 1,100번이나 읽었다.

_ 퇴계 이황의 독서법

퇴계 이황은 글의 뜻을 잘 생각하면서 읽는 숙독이 가장 좋은 독서법이라고 권장했다. 한 글자, 한 문장씩 맛을 보면서 읽는 독서법이다. 퇴계 선생은 말했다.

"익숙하도록 읽는 것이다. 글을 읽는 사람이 비록 글의 뜻을 이해하더라도 익숙하지 못해서 읽으면 곧 잊어버려서 마음에 간직할 수 없다. 배우면 반드시 복습하는 공력을 들인 뒤에야 비로소 마음속에 지닐 수 있고 흠씬 젖어 드는 맛이 있을 것이다."

_ 정약용의 5단계 독서법

다음은 조선 문신 정약용의 5단계 독서법이다.

① 박학博學: 두루 혹은 널리 넓게 배운다.
② 심문審問: 자세히 묻는다.
③ 신사愼思: 신중하게 생각한다.
④ 명변明辯: 명백하게 분별한다.
⑤ 독행篤行: 진실한 마음으로 성실하게 실천한다.

오늘날 독서하는 사람들도 이 다섯 가지 방법에는 큰 관심을 두지 않는다. 다시 말하지만 독서 습관은 개인과 조직의 성장을 위한 최적의 수단이며, 능동적인 생활, 타인과의 관계를 형성하는 데 엄청난 도움을 준다.

_ 마오쩌둥의 독서법

중국의 정치가 마오쩌둥毛澤東, 모택동은 전쟁 중에도 항상 사마천司馬遷의 〈사기〉를 끼고 다니며 읽고 전략을 구상했다. 결국 그는 자신만의 독서법을 개발했다. 책을 세 번 반복해 읽고 네 번 익히는 '삼복사온三復四溫' 독서법이다. 여기서 말하는 '삼복사온'은 책을 읽은 뒤 끝내는 것이 아니라 책의 내용을 완전하게 숙성하고 사색하여 자신의 것으로 체득하는 것을 의미한다. 그는 항상 책을 반복해서 읽고, 책에서 얻은 지식을 실생활에 연계시켰다.

나 역시 의미가 가득하고 감동을 주었던 책, 큰 깨달음을 일깨워준 책들은 다시 읽는다. 또 읽고 거듭 읽는다.

책을 반복하여 숙독하면 다양한 질문이 넘쳐난다. 스스로에게 던지는 성찰적인 질문은 두뇌를 자극하여 사고력을 넓혀준다. 더 나은 미래를 준비할 수 있는 미래 지향적인 안목을 갖게 된다.

– 이 책이 나에게 주는 교훈은 어떤 것인가?

– 내가 바꾸고 변화를 가져가야 할 것은 무엇인가?

이러한 확장 질문과 실천적인 질문을 함으로써 자신을 더욱 계발하고 확장하게 된다.

Part 16

천재머리로
키우는 독서법

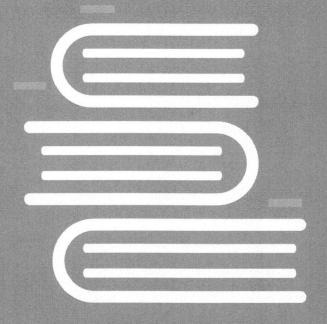

창의적
천재머리 기르기

우리가 읽는 책이

우리 머리를 주먹으로 한 대 쳐서

우리를 잠에서 깨우지 않는다면

도대체 왜 우리가 그 책을 읽는 거지?

책이란 무릇 우리 안에 있는

꽁꽁 얼어버린 바다를 깨뜨리는

도끼가 아니면 안 되는 거야.

– 프란츠 카프카, 〈변신〉

앞서 "남자라면 반드시 수레 5대 분량의 책을 읽어야 한다"는 '남아수독오거서男兒須讀五車書'를 소개했다. 철학자 장자의 친구 혜시는 수레 가득 책을 싣고 다니면서 책을 읽었다.

당시 다섯 수레에 담기는 책의 권수를 계산해보았다. 정확한 수치는 아니지만, 수레 하나에 약 1,500~2,000권의 책을 실을 수 있었다면 다섯 수레에는 최고 만 권의 책을 실을 수 있다.

다산 정약용 선생은 "머릿속에 5천 권 이상의 책이 들어 있어야 세상을 **제대로 뚫어보고 지혜롭게 판단할 수 있다**"고 말했다.

성공을 부르는 힘은 꾸준한 독서에서 나온다. "Reader가 곧 Leader"라는 말이 있듯, 책을 많이 읽은reader 만큼 좋은 역량을 갖춘, 조직을 이끄는 리더leader가 될 수 있다.

매일, 조금씩, 독서를 통한 성장을 유지하라. 매일 읽기만 해도 새롭게 피어날 기회를 얻는다. 하루아침에 정상에 오를 수는 없다. 매일 읽기를 유지한다면 충분하다. 매일 조금의 독서가 1년, 5년, 10년 쌓이면 변화는 일어나고 꿈은 이뤄진다.

규칙적인
생활 지키기

역사적으로 천재들은 공통적으로 규칙적인 생활습관을 꾸준히 유지했다. "가장 유능한 사람은 가장 배우기에 힘쓰는 사람이다"라고 말한 독일의 대문호 괴테는 독서, 식사, 취침 시간을 엄격히 지켰다.

그 결과 5살 때 시를 써서 사람들의 관심을 집중시켰고, 9살 때 이미 유명 학자들의 작품을 모두 읽었다. 장수했으며, 셀 수 없이 많은 방면에서 빛나는 업적을 세웠다.

앞에서도 소개했지만 칼 비테는 발달 장애 미숙아로 태어난 아들을 자신만의 방법으로 교육시켜 세계적인 법학 천재로 키워냈다. 미숙아인 아들을 창의적 천재로 키운 데에는 여러 가지 교육법이 있었겠지만, 그중 핵심적인 것은 다량의 서적을 읽어주고 읽게 하였다는 것이다. 특히 인문고전 독서에 집중했고, 규칙적인 생활을 가르쳤다.

칼 비테 주니어의 하루 일과 마무리는 글짓기 숙제였다. 한번은 아버지가 물었다.

"칼, 넌 네가 무엇을 제일 잘한다고 생각하니?"
"책 읽는 거랑 글짓기요."
"가장 많이 읽은 책은 뭐지?"
"문학이요."

칼 비테 주니어에게 책은 평생의 말 없는 벗이자 무한한 스승 그 자체였다. 아버지 칼 비테는 호기심과 상상력을 자극하는 일을 굉장히 중요하게 생각했다. 그래서 아들에게 많은 동화, 이솝 우화, 그리스 로마 신화 등을 몇 번이고 반복해서 읽어주었다. 꾸준하고 규칙적으로 책을 읽었다.

이렇듯 천재를 키우는 방법은 창의적 사고와 다양한 감정, 풍부한 상상력을 발휘할 수 있는 기회를 만들어주는 데 있다.

천재머리로 키우기 위해서는 꾸준한 독서 루틴이 필요하다. 책을 읽고 변화를 바란다면 하루 1시간, 적어도 그렇게 1년은 독서를 지속해주어야 한다.

독서의 묘미

송나라의 개혁 정치가 왕안석은 말했듯, **"책을 사면 훗날 만 배의 이익이 있으니 아까워 말고 사라"**고 권했다.

나 역시 책을 빌리지 말고 사라고 강력하게 주장한다. 소유한 책은 우리의 삶에 진한 영향력을 끼친다. 책이란 여러 번 다시 살펴봐야 하는 경우가 많다. 다시 보려 하는데, 빌린 책이라서 곁에 없다면 독서의 힘이 떨어질 수 있다.

책을 사는 데 돈을 아끼지 말되, 새 책보다는 중고 책을 사면 더 여러 권 구입할 수 있다. 좋은 중고 서점도 많다. 책을 마음의 양식 삼는 일을 망설이지 말라. 또, 자주 사다 보면 그만큼 책을 고르는 안목도 깊어진다.

책을 구매하면 표지 안쪽에 구매 이유와 날짜를 적어 이를 서평이나 생각 노트에 활용한다. 내 책이라는 뿌듯함은 덤이다.

이런 반문을 하는 사람도 있다. 눈코 뜰 새 없이 바쁜데 책 읽을 시간이 어디 있냐고, 독서가 무슨 도움이 되냐고. 하지만, 어느 시대든, 과거든 미래든, 성장의 가장 큰 자양분, 삶의 영감을 선물하는 것은 언제나 책들이었다.

사람은 자신에게 필요한 지식이 있다면 능동적으로 공부하고, 책도 찾아 독서하게 된다. 마음에 새길 만한 좋은 책을 다독하면 자신이 어떤 사람인지 생각을 알 수 있고, 사람과 세상을 보는 눈도 깊어진다.

요즘은 감사하게도 누구나 많은 책을 쉽게 읽을 수 있는 환경이 주어졌다. 그래서 한 권을 읽더라도 얼마나 깊이 있게 읽고 많은 것을 얻느냐가 관건이다. 사실 통독, 정독, 다독 등 독서법은 크게 중요하지 않다. 시간과 장소에 관계없이 꾸준히 읽는 것이 먼저다. 그러기 위해서는 책을 지니고 다녀야 한다.

책은 목적을 가지고 차분히 자세하게 읽되, 꼭 처음부터 끝까지 모조리 읽어야 한다는 부담감은 버려도 괜찮다. 자신의 관심 분야나 흥미로운 부분만 찾아 읽어도 된다.

책 읽기가 깊어지면 인용 문헌을 참고하거나 연관된 정보나 자료를 더 찾아 읽으면 복합적인 지식을 쌓을 수 있다. 정보와 생각이 꼬리에 꼬리를 무는 것이 창의독서의 묘미다.

_ 독서의 3원칙

독서에 취하다 보면 생각이 깊어져서 글쓰기와 토론을 즐기게 된다. 다음은 스위스의 사상가 칼 힐티가 〈독서에 대하여〉에서 제시한 '독서 3원칙'이다.

> 〈칼 힐티의 독서 3원칙〉
> - 1원칙: 규칙적으로 읽을 것
> - 2원칙: 좋은 책을 읽을 것
> - 3원칙: 올바르게 읽을 것

칼 힐티는 좋은 책은 조용히 생각하며 되풀이해 읽을 것을 강조하였다.

독서가 주는 효과

책은 청년에게 음식이 되고 노인에게는 오락이 된다.
부자일 때는 지식이 되고 고통스러울 때는 위안이 된다.

– 로마의 정치가, 마르쿠스 툴리우스 키케로Marcus Tullius Cicero

책을 읽으면 두뇌가 활성화돼 사고력이 넓어진다. 질문과 성찰을 통해 자신의 생각에 동조하기도, 반문하기도 한다. 실천적인 질문을 함으로써 다양한 사고를 거친다. 다른 사람의 생각을 배우고 관찰하며, 차이도 발견한다. 사람을 보는 눈은 물론, 관계를 이끄는 리더십이 생긴다. 언변도 늘고, 소통 능력이 좋아진다.

책은 미래의 세상을 여는 열쇠이며 개인과 사회의 성장을 돕는다. 누가 시키지 않은 질문을 거듭하며 새로운 경지를 개척하는 첫걸음을 떼게 된다. 아인슈타인이 "나에겐 특별한 재능이 없다. 내게 있는 건

열렬한 호기심뿐이다"라고 말했듯 말이다.

그렇다. 호기심이야말로 삶을 풍요롭게 만든다. 상품은 모방할 수 있어도 개개인이 발휘하는 창의력은 절대로 모방할 수 없다.

다산 정약용은 "세상에서 가장 아름다운 소리는 책 읽는 소리다"라고 말했다. 책은 전파된다. 결론적으로 책을 많이 읽으면 창의적이고 긍정적인 성과를 낼 수 있다. 인생이 변하고 꿈을 이루게 된다.

독서는 뇌에 새로운 지식과 지혜를 주입해 뇌를 창의융합적으로 만드는데, 이는 새로운 진화에 유리한 선택을 하게 돕는다. 뇌가 확장되면 정보처리능력도 향상된다. 분석과 사유를 통해 나아갈 방향을 먼저 제시할 수 있다. 창의융합 독서 뇌는 나를 바꾸는 가장 큰 혁명으로, 창의적 천재머리로, 인생을 바꾸는 결정적 기회로 작용한다.

- 나만의 경쟁력을 키울 차별화된 최적의 수단은 무엇일까?
- 나는 독서로 창의적 천재머리를 키워내고 있는가?

창의 뇌를 만드는 가장 쉬운 방법은 독서다. 독서는 수천 년 동안 최고의 학습법으로 생명력을 유지하고 있다. 하루하루 반복되는 일상의 독서 습관이 창의융합 뇌, 천재머리 뇌를 만든다. 이러한 독서는 이기는 삶으로, 당신의 삶을 바꾸어놓는다.

러시아의 세계적인 문호 도스토옙스키Dostoevsky는 "한 인간의 존재를 결정하는 것은 그가 읽은 책과 그가 쓴 글이다"라고 말했다.

사실이었다. 책은 내가 계속해서 성장할 수 있도록 나를 바꾸어놓았다.

_독서의 가속력

좋은 책은 한 문장 한 문장 깊이 있게 읽어야 한다. 중요한 문장이라면 연필 끝손끝으로 짚으면서 읽고, 필사한다. 몇 권을 읽었는지, 얼마나 빨리 읽었는지보다 얼마나 깊이 읽었는지가 중요하다.

천재들은 책을 읽을 때 권수나 속도에 연연하지 않았다. 대신 중요한 내용을 파악하고, 밑줄을 긋고 동그라미로 표시하며 여백에 적었던 내용이 성장의 기회가 되었주었다고들 말한다.

한 권의 책 내용이 마음에 녹아들어 살이 되고 피가 되기까지 책을 품는다. 내 안에서 확장될 문장을 골라 밑줄을 긋고 필사적으로 글줄기에 매달려 붙들어야 한다. 한 단어, 한 줄, 한 페이지, 마침내 한 권의 내용이 농축되어 내 삶에 흡수되게 한다.

이렇게 독서를 실천한 많은 사람은 자신이 읽은 책을 자신의 것으로 만듦으로써 그 안에서 새로운 가치를 건져 올렸다. 나 역시 중요한 한 권을 초집중적으로 읽는다. 얼마 후 다시 읽는다. 다시 읽을 때 그 책의 가치가 훨씬 더 내 삶에 깊게 반영될 때가 많았다.

꾸준한 독서력으로 많이 읽을수록 독서의 가속력은 급격히 증가한다. 이렇게 다독의 시간을 반복해서 거치면 책 한 권의 핵심 내용을 전보다 더 거뜬히 파악하게 된다. 마치 티핑포인트에 도달하듯이 말이다. 그래서 독서력을 가진 사람치고 성공하지 못한 사람이 거의 없는 것이다.

당신도 실천해보라. 독서력을 키워 보다 큰 꿈에 다가서는 천재머리를 얻기를 기대해본다.

〈독서력 높이기〉

독서의 유익한 효과를 누리기 위한 다양한 독서 실천 사항, 책 읽기 요령을 만들어보았다. 다음 요소를 접목하면 독서력이 한층 업그레이드된다.

표시하며 읽기

책을 읽으면서 의미 있거나 기억에 남기고 싶은 문장에는 다양한 표시를 해두는 것이 좋다. 예를 들어, 동그라미 치고 밑줄 긋고 브이(v) 자로 강조 표시를 하면서 읽는다. 책을 읽기 시작한 날과 끝난 시점을 책 첫 표지 안쪽에 기록해두면 유익하다. 중요한 내용은 옮겨 적는다. 읽다가 문득 떠오른 아이디어는 여백에 메모하고, 생각을 정리하여 글을 쓴다. 책을 내 것으로 확장시키려면 늘 핵심 내용과 중요 어휘를 정리해두는 습관이 필요하다. 필히 독서 노트를 만들어 활용해라.

서평 쓰기

책을 읽었으면 필히 서평을 써야 한다. 서평을 잘 쓰기 위해서는 저자가 전하는 내용을 이해하려는 노력이 필요하다. 그리고 책의 내용을 논리적 근거로 객관적으로 파악하는 것이 중요하다. 자신의 생각이나 느낀 점, 요긴한 내용을 적는 과정에서 지식과 지혜, 통찰력이 길러진다. 새로운 아이디어나 기획이 떠오르는 성찰의 시간도 된다. 이러한 서평은 SNS나 오프라인 모임에서 함께 나눈다.

스위스의 저술가 로제마리 마이어 델 올리보Rosemarie Meier-Dll' Olivo는 "당신의 삶을 기록하면 하나의 작품이 된다"라고 말했다. 책을 읽고 유익하게 활용하고 싶다면 매달 어떤 책을 읽었는지, 무엇을 읽었는지 족적을 남기자.

서평을 쓸 때는 책 제목과 저자를 기록하고, 읽은 날짜와 책을 선택한 이유 등을 간략하게 정리하는 것이 유용하다. 느낌과 교훈은 무엇인지, 작가는 왜 이 책을 썼는지, 무엇을 말하는지, 그리고 읽은 내용을 어떻게 적용하고 활용할 것인지 등을 기술한다.

혼자 책을 읽는 것보다 여러 사람들과 공유하면 다양한 생각을 이해하게 되고, 책을 좋아하는 사람들과 친분도 돈독히 쌓을 수 있다.

여백에 메모하기

책을 다 읽은 후 짧게는 몇 시간, 길게는 며칠만 지나도 읽은 내용이 대부분 기억나지 않는다. 내용의 요점이나 핵심을 써보는 것은 기억력을 높이는 하나의 방법이다. 서평이나 느낌, 생각을 짧게 첨부하여 메모한다. 시간 여유가 있다면 SNS에 올려 공유하는 것도 좋다.

모든 책에는 글을 적을 수 있는 여백이 있다. 그 여백에 적극적으로 떠오른 생각을 메모한다. 책을 깨끗이 읽으려고 하기보다는 적극적으로 활용한다.

책은 늘 가까이 두고 언제나 쉽게 펴보고 읽을 수 있어야 한다. 손쉽게 읽고 여백에 자유롭게 메모한다.

🔲 사색하기

영국의 선교사 존 로스John Ross는 "독서는 지식의 재료를 줄 뿐이다. 그것을 자신의 것으로 만드는 것은 사색의 힘이다"라고 말했다.

천재들은 책을 읽고 꼭 사색을 한다. 미래 사회에서 AI와 격차를 더 벌리고 싶다면 많은 책을 읽고 사색하며 적어야 한다. 인터넷 검색에 능한 것도 좋지만 자신만의 생각을 산출하는, 사색에 능한 사람이 더 성공한다.

사색의 시간을 늘리려면 독서 후 자신만의 거룩한 시간을 가져야 한다. 독서 후 사색은 인간이 인간답게 생각하는 힘을 길러준다. 지식과 교훈을 얻고 통찰력이 깊어진다. 사색이 중요하다.

Part 17

고대 수도사의
수행 독서법

렉시오 디비나

묵상 없는 독서는 헛되고 독서 없는 묵상은 잘못되기 쉽다.

– 귀고 2세Guigo II

요즘처럼 책 읽기를 기피하는 시대에도 여전히 독서는 중시된다. 나는 일찍이 철학 박사 학위Ph.D를 공부하면서 고대 수도사들의 전통적인 독서법인 '렉시오 디비나Lectio Divina'를 활용했다. 내가 찾아낸 최고의 독서법이었다.

이는 '독서, 읽기'를 뜻하는 '렉시오lectio'와 '거룩, 신성'이라는 의미를 지닌 '디비나divina'의 합성어로 '영적 독서', '신적 독서', '거룩한 독서' 등으로 풀이된다. 독서가 자신의 몸에 달라붙기까지 반복적으로 꾸준히 지속하는 독서 수행으로, 초집중해서 읽고lectio, 깊이 묵상meditato하는 독서법이다. 집중하되 천천히 소리 내어 되새김질하며 읽는다.

이 거룩한 독서법은 마치 하나님을 대하듯 치밀하게 시간과 장소를 구별하고 자신의 온 에너지를 독서에 집중한다. 귀고 2세는 독서가 음식을 입에 넣는 단계로서 아주 천천히, 여유롭게, 자근자근 내용을 씹어 먹는 과정이라고 말했다. 단순히 읽는다는 것 이상의 뜻을 담고 있다. 책과 인격적으로 대화하듯 마음에 와닿는 구절이나 단어를 천천히 소리 내어 읽으면서 세세히 듣는다. 되씹어 깊고 넓게 묵상하며 마음으로 음미한다. 그다음은 그 내용을 적는다. 꾹꾹 눌러 필사하여 마음에 새긴다. 굳이 오늘날 말로 표현하면 '공감적 읽기'다. 즉, 능동적으로 신의 말씀을 대하듯 거룩히 읽고 듣는 것이다.

독서 시 마치 수행하듯 자신의 온몸을 드려서, 좌우로 움직여 리듬을 타며 소리 내어 읽는다. 조급하게 읽지 말고 천천히 읽고, 귀로 듣고, 머리로 인식한다. 다음에는 눈으로 읽는다. 그리고 가슴으로 느끼고, 와닿은 구절이나 단어를 되씹고는, 곰곰이 떠오른 것을 적는다. 한마디로 온몸으로 독서를 즐긴다.

아래 렉시오 독서법 과정을 통해 독서를 통해 무엇을 느끼고 깨달았는지 되새김질해보자.

렉시오 독서법 절차

① 적합한 도서를 선택한다.

② 구별된 시간과 장소를 확보한다.

③ 여유를 갖고 서서히 소리 내어 읽는다.

④ 반복하여 읽고 되뇌며 듣는다.

⑤ 마음에 새겨진 내용을 적는다.

고전적 렉시오 디비나 수행 방식

읽기 – 외우기 – 낭송하기(말하기)

수도사들은 소리 내어 반복하여 읽고 외우고 낭송하는 수련을 수행했다. 따라 해보자.

① 책의 한 챕터를 읽고, 자신의 생각과 남길 내용을 독서 노트에 적는다.

_____

_____

_____

② 필사한 중요 문장을 가지고 다니며 외운다.

_____

_____

_____

③ 낭송하여 나눈다.

  나의 경우 매일 45분 이상, 10년 이상 꾸준히 독서를 해왔다. 삶이 바뀌었고 기적과도 같은 성과를 얻었다.

  독서 시 항상 연필과 펜을 손에 쥔 채 마음에 닿는 문장이 나오면 밑줄과 다양한 표시를 하고, 책의 여백에 떠오른 영감이나 생각을 적는다. 한 챕터가 끝나면 노트에 확장된 서평을 적는다. 중요한 문장은 소리 내어 읽으며 되새김질한다. 이런 습관으로 꾸준히 독서를 즐기니 책의 내용을 내면화할 수 있었다.

렉시오 디비나
수행하기

고대 이집트의 수도사들은 주로 독방에서 거룩한 독서를 수행하고 온 마음으로 읽었다. 입과 귀로, 온몸으로, 간절함으로 읽었다. 그리고 필사했다.

고대 로마의 교육학자이며 수사학자인 퀸틸리아누스Quintilianus는 독서에 대해 다음과 같이 말했다.

"우리의 독서는 설익은 상태로 남는 것이 아니라, 반복해서 되씹어서 녹아져야 한다. 우리의 독서는 계속 반복하여 읽음으로 완전히 기억하고 그대로 모방할 수 있도록 헌신되어야 한다."

_ 사다리 렉시오 디비나

렉시오 디비나에 대해 체계적으로 정리한 귀고 2세의 책 〈수도승의 사다리〉를 보면 한 계단, 한 계단을 밟고 올라가듯 깊은 독서에 대해 이야기한다.

> 읽기 - 묵상 - 기도 - 일치

귀고 2세는 '읽기, 묵상, 기도, 일치'로 이루어진 네 단계의 '사다리 렉시오 디비나'를 만들었다.

이 사다리 독서 단계를 보면 '읽기' 다음은 '묵상'이다. 묵상은 읽은 내용을 내면화시키는 과정으로 독서한 내용을 잠시 생각하고 되뇌는 작업을 하는 것이다. 눈으로 밑줄이나 중요 문장을 자세히 들여다보고, 곰곰이 생각하고, 다시 살펴 읽는 등 그 의미를 짚어본다. 그다음 '기도'하고, 이 과정을 반복해 삶에 '일치'시키는 단계까지 나아간다.

좀 더 현실적인 방법으로 바꾸어보면 이렇다.

글을 천천히 읽고 들으면서 반복해서 독서를 즐긴다. 마음에 닿는 구절은 밑줄을 긋고 더 강조하고 싶으면 형광펜으로 칠한다. 한 문단을 읽으면 눈을 감고 묵상한다. 그다음 떠오른 생각과 아이디어를 여백에 적는다. 한 문장도 좋고, 한 문단, 한 페이지, 한 챕터, 자유롭게 읽고는 깊은 묵상 시간을 누린다. 그런 다음 하나의 핵심 문장을 만들어 영적 양식으로 삼는다. 문장을 필사하고 쪽지 암송 수행을 실천한다. 그 순서를 자세히 전개하면 다음과 같다.

- 바른 자세에서 깊은 호흡으로 독서를 대한다.
- 천천히 소리 내어 음미하며 읽는다.
- 듣는 시간을 누린다.
- 눈을 감고 읽은 내용을 깊게 묵상하는 시간을 갖는다.
- 그다음은 눈을 뜨고 떠오른 영감이나 아이디어를 적는다.
- 깨달음과 핵심 내용을 나눈다.

렉시오 디비나
독서법 규칙

독서의 가장 큰 방해자는 자신 안에 있는 게으름, 태만이다. 식사도 규칙적인 시간과 양을 지켜서 해야 건강에 도움이 되듯, 렉시오 독서법을 따를 때도 규칙을 지켜야 효과를 누린다.

"논밭의 작물은 주인의 발소리를 듣고 자란다"라는 말이 있다. 독서 역시 근면하게 규칙적으로 하면 게으름을 몰아낼 수 있다.

렉시오 디비나의 규칙은 규칙적인 시간에 정한 분량을 꾸준히 읽는 것이다. 급하고 분주한 상황에서는 독서에서 좋은 결실을 기대할 수 없다. 따라서 자신의 하루 중 독서하기 알맞은 시간을 찾아 몫으로 떼어놓고, 주간 또는 월간 독서 시간표를 짜서 실천한다. 그래야 작심삼일이 되지 않는다. 팁을 주자면, 독서 시간은 새벽이나 일과 시작 전에 적어도 30분 정도를 할애하여 규칙적으로 하는 것이 좋다. 눈으로 읽지 말고 소리 내어 읽으면서 청각으로 주의를 집중한다.

하루 10분일지언정 꾸준히 하다 보면 쌓이고 쌓여 나를 바꾸는 역량이 될 수 있다. 그때, 삶이 바뀐다.

실천) 렉시오 디비나 독서 시간표 짜기

요일	주간 독서 시간	장소
월		
화		
수		
목		
금		
토		
일		
비고		

Part 18

몰입의
독서법

몰
두
하
고

있
는

소
녀

얀 베르메르, 〈레이스 뜨는 소녀〉(1669~1670), 루브르박물관, 파리

삶의 끝자락에서 사람들은 '실낱같은 희망'이라는 말을 쓴다. '실낱'은 '실의 올, 가닥'을 뜻한다. 무게조차 느낄 수 없을 정도로 가볍고 가늘다. 그런 실을 얀 베르메르Jan Vermeer는 작품 〈레이스 뜨는 소녀〉에서 그려냈다. 그림을 보면, 한 소녀가 레이스를 뜨다 모든 신경을 곤두세우고 정성스럽게 바늘을 꽂는 행위에 집중하고 있다. 그런데 자세히 보면 왼손에 두 짝의 실타래를 가지고 바늘을 꽂는 여인의 손에는 정작 바늘이 없다. 몰두의 분위기를 만들고자 의도한 것이다.

작품이 보여주는 신비한 빛과 색상, 신선한 햇볕의 물결에 둘러싸여 있는 소녀의 모습도 아름답지만, 진짜 아름다움의 가치는 그림 속의 여인이 한 땀 한 땀 쉬지 않고 수를 놓으며 초집중을 자아내는 고요한 몰두의 분위기에 있다.

몰입의 위력

내가 미친 듯이 책을 읽지 않았다면, 지금의 자리에 설 수 있었을까?

나는 '독서 혁명'이라는 말을 자주 사용한다. 책에서 지성과 창의력과 통찰력, 바른 인성이 샘솟기 때문이다. 독서는 내 인생을 송두리째 바꾸어버렸다. 지금 책을 읽고 있는 여러분에게 외치고 싶다.

"책 읽다가 대박 납시다!"

한번 책에 미쳐보자. 독서에 빠져보자. 그리고 자신의 삶에 무슨 일이 일어나는지를 지켜보자. 분명 혁명적인 일들이 일어날 것이다. 그래서 독서 혁명의 일환으로 가정, 직장, 일터에 책장을 세워 독서를 실천하도록 돕는 '책장 만들기 프로젝트'를 펼치고 있다.

최고의 독서가라 불리는 알베르토 망구엘Alberto Manguel은 "독서란 세상의 모든 현상을 읽고 이해하는 행위다"라고 말했다. 프랑스의 심리학자이며 철학자인 블레즈 파스칼Blaise Pascal은 "어제의 생각이 오늘의 당신을 만들고 내일의 당신을 만든다"라고 말했다. 생각하게 하는 독서는 우리를 성장시키는 원동력이다. 시민이 책을 읽지 않는 나라가 부강한 나라로 세워진 역사는 없다고 하지 않는가. 독서가 사회를 개혁하고, 생각을 바꾸고, 의식을 바꾸어서 결국은 힘센 나, 힘센 사회를 만든다.

독서를 처음 시작할 때는 가볍게 읽되 전체를 살펴 훑어보는 것으로 시작하여 정독으로 읽어가자. 대략적인 윤곽을 파악하면 논리적으로 생각하면서 밑줄을 긋고 직감적으로 느낀 점을 메모하면서 읽는다. 어느새 몰입이 될 것이다.

독서의 완성

나의 독서의 완성은 당장 읽지 않는다고 하더라도 읽고 싶은 책을 미리 사두는 것이다. 책을 사는 것이 독서의 시작이기 때문이다. 사두면 언제든지 책 읽기에 빠져들기 좋은 기회가 주어진다.

우리의 일상은 읽는 행위의 연속이다. 매일 삶에서 읽는 행위를 이어간다. 글만 읽는 것이 아니다. 표정, 지형, 상태, 문자, 책 모두를 포함한다. 우리는 일상에서 읽고 듣는 행위로 삶을 만들어간다.

나는 어릴 적 가난한 농촌 가정에서 자랐고, 깊은 산마루에 있는 학교에 다녔다. 학원이나 도서관에 갈 상황이 되지 않아 독학으로 공부법과 독서법을 개발했다. 그 덕에 이 자리까지 올 수 있었다.

군 생활 중 아직도 생생히 떠오르는 일이 있다. 취침이 이루어지고 내부반 소등이 다 꺼진 후 유일하게 불 켜진 곳이 화장실이어서 그곳에서 새벽까지 책을 읽은 적이 있다. 요즘도 그 추억을 살려 '병영 독서'를 진행한다. 군 생활을 하는 청년들이 독서를 통해 자기계발을 하고, 창의적 사고를 갖도록 도와주고 싶어서다. 병영 독서 문화가 군인들에게 큰 영향을 줄 수 있음을 알기 때문이다.

독일 철학자 칸트는 읽기에 관해 이렇게 말했다.

"무엇을 읽을 때 남의 눈으로 보려고 하지 말라. 스스로 생각하고 언제나 자기 눈으로 보려고 애써야 한다."

독서의 완성은 몰입하여 읽고 정립된 내용을 나의 상황에 맞게 실천할 때 이루어진다. 인간의 지성이 일상의 범주를 넘어서기 위해서는 책을 읽고 사색하고 쓰는 활동을 병행해야 한다. '읽는다'는 것은 곧 삶의 행위이다.

책을 손에 들고 몰입하여 읽는다. 그저 읽는 데만 그치지 말고 사색하고, 질문의식을 갖고 적는다. 읽은 글에 공감共感이 되었다면 내 삶의 양식으로 받아들인다. 우리는 공감적 독서를 해야 한다. 책 속에 들어가 읽고, 저자가 건넨 삶의 양식을 함께 공유해보려고 하는 것이다. 읽은 대로 살아보려고 할 때 비로소 진짜 독서가 완성된다. 독서의 이유 중 하나는 인간다움을 갖추기 위해서다. 나는 인간의 가장 중요한 바탕이 인성人性이라고 생각한다. 책을 읽으면 인성을 기를 수 있다.

몰입의 기적을
만드는 요인들

그리스의 철학자 플라톤은 "세상엔 두 종류의 천재가 있다"고 말했다. 하나는 타고난 천재이고, 다른 하나는 만들어진 천재다. 만들어진 천재는 문제를 헤쳐 나가기 위해 부단히 몰입하며 애쓰고 노력한 자세의 산물이다.

독서에서 몰입의 기적을 만드는 요인을 보면 서슴없이 밑줄을 좍좍 긋고 여백에 느낌을 메모하고, 다시 읽고 싶은 부분의 귀퉁이를 접고, 그것도 모자라서 포스트잇을 붙여 그 위에 요점을 써두는 참여 활동이다. 그런 뒤, 책에서 인상 깊었던 문장을 필사하고 음미한다. 느낀 감정과 깨달음을 주변 사람과 나눈다.

시간이 지난 후에는 같은 책을 다시 여러 번 읽는다. 좋은 책은 여러 번 읽었을 때 진가를 발휘함을 알기 때문이다. 이러한 독서의 자세가 몰입의 기적을 만드는 요인이다.

이렇게 독서에 몰입한 결과를 마주했을 때, 처음엔 나도 놀랐다. 기차로 한 시간 거리를 이동하는데, 단 50분 만에 한 권의 책을 읽고도 시간이 남았다. 그때 그 몰입의 독서력을 스스로 "50분 기적의 독서법"이라고 칭했다. 분명히 말하건대 독서는 평범한 사람을 비범하게 바꾸는 강력한 힘이다.

몰입의 비법: 0.3초 / 4.4초 / 180초

읽기와 쓰기에도 더 힘 있고 설득력 있게 끌어당기는 법칙이 있다. 핵심 내용을 잘 기획하여 제시하고, 세부 내용으로 이를 뒷받침하는 것이다.

0.3초는 사람들이 글을 읽을지 말지 결정하는 시간이다. 따라서 제목과 표제에서 승부를 걸어야 한다.

4.4초는 사람들이 글의 도입부에 머무르는 시간으로, 결론, 핵심 의견, 중요한 사실, 사례, 인용문 등을 제시한다.

180초는 사람이 최대로 집중하거나 몰두할 수 있는 시간이다. 그러므로 본문은 간략하게 쓴다.

〈책 완독 프로젝트〉

① 오늘부터 90일간 손에 책 지니고 다니기

난 매일 매순간 책을 들고 다닌다. 가방 속엔 언제나 책이 있다. 대기 시간, 이동 시간, 틈나는 시간에는 항상 책을 읽는다. 꼭 읽지 못해도 괜찮다. 다만 손이나 가방 안에 언제든 책을 들고 다니는 습관만 기르면 된다. 이 행동 하나가 독서 습관을 기르는 데 도움을 준다.

요즘도 밥은 굶어도 독서는 굶지 않는다. 하루 한 페이지라도 읽는다. 양보다는 질이 중요함을 알기에 독서의 목표나 조급함에서 벗어나 하루 짧은 분량이라도 책을 읽는다.

여러분도 매일 읽는 독서 습관을 들이겠다고 결심했다면 책을 곁에 두는 것으로 어렵지 않게 다독가가 될 수 있다.

② 1일 1페이지 읽기 챌린지

'1일 1페이지 읽기 챌린지'를 시작해보려 한다. 많은 사람들이 참여해주었으면 좋겠다. 앞서 책을 늘 지니고 다니는 것과 더불어 이 도전은 개인의 독서 습관 형성에 도움이 된다. 매일 한 페이지라도 책을 읽으면 다양한 주제의 지식을 습득할 수가 있고, 글쓰기, 사고력, 집중력 향상에도 도움이 된다.

〈완독으로 가는 몰입법〉

독서 완독으로 가는 다음의 지침들을 숙지하여 실천해주길 바란다.

⊞ 손의 자세

책을 읽을 때는 양손의 자세가 매우 중요하다. 왼손으로 페이지를 잡거나 누르고 오른손으로는 연필을 잡고 눈은 연필을 따라 읽어간다. 쭉 대각선으로 말이다. 왼손의 역할은 책을 안정적으로 잡아주는 것이다. 왼손을 방치하면 집중력이 떨어진다. 그러면서 왼손으로 페이지를 넘긴다. 오른손으로는 표시하고 적는다. 넘기는 일도 돕는다.

⊞ 빠르게 내용 이해하는 법

오른손에 연필을 쥐고 글의 방향을 가리키며 읽는데, 읽으면서 문단에서 가장 필요한 핵심 단어에 밑줄, 동그라미 표시 등을 하며 읽는다. 이때 연필 끝으로 손을 타고 글의 의미가 올라온다. 결국 뇌리에 심어지며 기억하는 데도 굉장한 도움이 된다. 그 의미가 연필 끝에서 내 마음속으로 들어왔기 때문이다.

그렇게 연필 끝으로 읽으면서 해당 문단이나 페이지의 핵심 키워드, 또는 전체를 축약하는 키워드를 책 여백에 적어 표시해둔다. 나중에 한 번 더 볼 때는 내용이 더 빠르게 읽히며 이해될 수 있다.

▦ 사선으로 읽기

글을 왼쪽 위부터 오른쪽 아래 대각선으로 읽되 시야를 넓혀간다. 좌우로 읽는 것이 아니라 사선으로 읽는 것이다. 눈은 카메라 렌즈와 같아서 눈이 보고자 하는 만큼 정보가 들어오기 때문에, <u>시야를 사선 방향을 향해 읽게 되면 한 번에 굉장히 많은 것을 보며 읽게 된다.</u>

▦ 반복해 되씹어 정복하기

읽다가 나름대로 중요한 내용이라고 생각되는 부분은 <u>소리 내어 반복해 되씹어 읽는다.</u> 주요 키워드는 두세 번 더 읽으며 기억에 남긴다. 여백에 적거나 따로 필사도 한다. 그 문장을 완전히 정복한다. 이는 글을 씹어 먹듯 파헤쳐서 내 것으로 만드는 방법이기도 하다.

▦ 더 깊은 독서

내가 좋아하는 글귀인데 "진리를 맛보는 일보다 더 큰 행복은 없다"라는 말이 있다. 독서를 할 때는 마치 진리를 대하듯 천천히 깊이 생각하며 읽는 것이 좋다. 한 문장, 한 페이지를 꼭꼭 눌러 읽는다. <u>표시하고 생각한 것이나 핵심 내용, 단어, 좋은 글귀, 그리고 떠오른 생각을 메모해가며 읽는다.</u> 많이 읽고 빨리 읽는 것보다 의미 있는 메시지를 건져 올려 삶의 성과로 창출하는 것이 더 중요하다.

전체적인 내용 파악하기

그리스 철학자 아리스토텔레스는 "오로지 외우기만 하는 사람은 멍청한 나귀와 같다"라고 말했다. 이는 무작정 암기하는 것은 쓸모가 없다는 뜻이다.

책을 볼 때 글자나 단어에 집착하며 외우지 말고 우선 속독으로 전체적인 내용을 한 번 쭉 훑어본다. 그다음에 다시 자세히 읽어가도록 한다. 이 훈련이 반복되면 금세 전체 내용을 빠르게 파악하고, 핵심 내용을 내면화할 수 있다.

마치 소가 풀을 입안에 넣고 되새김질하듯 천천히 곱씹으면서 사색하며 읽기를 반복한다. 가슴에 와닿은 문장이나 감동적인 부분은 줄을 긋고, 귀퉁이를 접고, 때로는 필사하면서 읽는다. 어느 시점에서 다시 반복해서 읽는다. 여러 번 읽는다. 이제 책이 말을 걸어온다.

이러한 독서의 힘이 쌓이고 쌓이면 풍요롭고 창의적인 사람이 된다. 내 삶속에 기적이 일어난다.

Part 19

통으로 읽는
뇌 독서법

달콤한 독서

케르 자비에 루셀, 〈테라스 휴식〉(1892), 오르세미술관, 파리

작품 〈테라스 휴식〉을 보면 한 여인이 나무 아래 비스듬히 누워서 책을 읽고 있다. 작품을 그린 케르 자비에 루셀Ker Xavier Roussel은 프랑스 인상주의 화가다. 여인과 배경 모두 가로로 길게 누워 있는 그림은 단조롭게도 보이는 통일된 색조에 힘입은 고요하고 서정적인 분위기가 가을 독서에 잘 어울리는 풍취를 전해주고 있다. 따뜻한 느낌을 주는 듯한 주홍색 나뭇잎도 여인에게로 살그머니 떨어지고 있다.

어쩜 이런 나무 아래에서 책 읽기만 한 휴식도 없겠다.

강한 독서력
기르기

　나는 종종 유명한 호박벌 이야기로 강의의 문을 연다. 원래 호박벌은 태어날 때부터 몸통이 날개에 비해 너무 커서 이론적으로는 절대 날 수 없는 벌이었다. 하지만, 그러한 사실을 잘 모르는 호박벌은 날개짓을 하며 잘 날아다닌다. 호박벌의 '나도 날 수 있다'는 인식이 자연스럽게 벌을 날게 한 것이다.

　독서도 마찬가지다. 마음과 뜻을 '할 수 있다'라는 생각 하나로 모은 다음, 입으로는 소리 내어 읽고, 손으로는 문장을 더듬으며, 눈은 생각하면서 글자 하나, 한 낱말을 반복해서 읽는다. 겸허한 마음으로 집중하여 몰두하다 보면 글에 담긴 뜻과 이치를 깨달아 총명함이 나날이 더해지고, 생각하는 뇌로 변모한다.

　한 나라의 경쟁력은 독서량에 있다고 해도 과언이 아니다. 책 읽는 나라가 부강하다. 독서율이 떨어지면 국가의 경쟁력도 뚝 떨어질 수 있다. 우리나라가 지금보다 독서력이 높았다면 어땠을까? 개인이나 국가의 미래 경쟁력을 좌우하는 핵심 역량은 독서에 있다.

창의성을 중시하는 AI 시대에는 독서가 더 개인과 국가의 경쟁력이 된다. 4차 산업혁명 시대에 독서로 국민들의 정신, 의식, 지성, 창의성이 높아지면, 당연히 그 나라의 경쟁력은 더 높아진다. 저항의식을 갖고 변화에 능동적으로 반응하면, 남다른 성과를 낼 수 있다.

한 연구 결과에 따르면, 학생의 독서 능력은 그 학생의 학습 능력 및 성공적인 사회생활과 밀접한 관계가 있다. 실제 우리나라는 원래 독서 강국이었다. 선조들은 세계 최고의 독서가들로 책을 읽고 쓰고 나누기를 즐겼다. 그런데 일제 강점기 때 독서, 언어, 문화 등 민족정기와 경제까지 말살당하고 말았다.

이제 새로운 4차 산업혁명 시대에는 모든 사람들이 다시 독서량을 늘려야 경제력도 높아지게 된다. 다양한 창의적 역량은 연구의 경쟁력을 높이고, 나라를 부강하게 만들 것이다.

이러한 실천적 독서 생활을 루틴routine으로 삼는 사람이 성공할 가능성도 높다. 독서를 통해 얻은 집중력, 상상력, 문해력, 기억력, 창의력 등을 갖춘 인재가 필요한 사회다. 결국 독서라는 경쟁력은 보다 나은 삶으로 우리를 이끌어간다.

뇌로 읽는
독서법

뇌로 읽는 독서를 하면 뇌의 전 영역이 고루 발달하고, 특히 창의력과 사고력이 높아짐은 물론 상상력을 통해 뇌 전체가 활성화된다. 또한 뇌 신경세포가 새로 생성됨으로써 뇌의 신경시스템이 더욱 강화된다. 한마디로 건강한 뇌가 된다.

인간 두뇌에 있는 1,000억 개의 신경세포neuron는 시냅스synapse라는 물질로 연결되어 있다. 재미있는 것은 뇌를 어떻게 쓰느냐에 따라 이 시냅스가 더 조밀하고 원활한 관계를 맺는다는 것이다. 뇌 과학에서는 이를 '뇌의 신경가소성'이라고 말한다. 한마디로 뇌를 많이 쓰면 시냅스가 서로 더 밀도 있게 연결되지만, 쓰지 않으면 퇴보하거나 끊어진다.

그런데 책을 읽을 때, 뇌는 가장 활발하게 활성화된다. 뇌는 눈으로 받아들인 시각 정보(후두엽)를 재빨리 해독하고(측두엽), 그 해독한 정보,

단어를 감정과 연관시켜 드러낸다(변연계). 읽고 쓸 때, 뇌는 뇌의 전체 영역을 사용한다. 그렇게 뇌가 활성화되어 똑똑하고 건강한 뇌, 생각하는 창의적인 뇌로 바뀐다.

_ 뇌로 읽기

일찍부터 나는 뇌로 읽는 독서법을 연구해왔다. 한 번에 여러 줄을 읽거나, 한 단락, 한 페이지를 통으로 읽는 독서력에 관심이 많았다. 우리의 뇌는 글자 하나하나를 읽기보다는 전체를 인식하게끔 만들어져 있다. 놀랍게도 뇌는 무의식적으로 사진을 찍듯이 내용을 단번에 읽을 수 있다.

그렇기 때문에 누구든 약간의 뇌로 읽기 훈련을 거치면 독서인지능력은 향상하고, 4차원 입체 독서를 즐길 수 있다. 이를테면 책을 수직으로 세워서 읽거나 거꾸로 들고 읽는 것이다. 45도, 90도, 180도 돌린 상태로도 읽는다. 이런 입체적인 뇌 읽기 훈련을 통해 뇌의 인지능력을 키우면 선택한 내용을 한 번에 한 단락, 한 페이지 통으로 읽을 수 있다.

독서 혁명 흐름

글자 → 눈 → 뇌
(텍스트) (지각) (뇌로 읽기)

뇌를 활성화하는 독서 습관

- 처음엔 쉽고 흥미가 가는 책부터 읽어가며 사고력을 기른다.

- 정독보다 우뇌를 활용해 읽는 습관을 가져야 한다.

- 하루 한 페이지, 10분이라도 반드시 꾸준히 읽는다.

- 읽고 생각하고 관찰하고 메모하기를 즐긴다.

- 읽고 써서 정리된 내용을 토론으로 나눈다.

무의식 통으로
읽는 독서법

독서는 우뇌의 주요 행위이다. 말했듯 뇌는 문자를 하나하나 읽기보다는 한 번에 한 문단으로, 한 덩어리로, 한 페이지로, 통째로 읽는다. 즉, 문자지만 사진 찍듯 이미지로 읽는 것에 더 능숙하다. 무의식적 인지다.

나는 이를 한 글자씩 순서대로 읽지 않는 '무의식 통으로 찍기'라고 부른다. 이는 몇 가지 훈련을 하면 누구나 통달할 수 있다. 천재들은 모두 뇌의 능력을 극대화한 상태로 독서를 했다.

필자가 개발한 무의식 통으로 찍기 독서법을 통하면 단 50분 만에 한 권, 혹은 하루 한 권, 한 번에 여러 권 독서력을 누릴 수 있다.

무의식 통으로 읽는 독서법 훈련

> ① 뇌로 한 번에 한 문단, 한 덩어리, 한 페이지를 읽는다.
> ② 뇌로 한 페이지의 내용을 간단명료한 한 문장으로 만든다.
> ③ 이를 한 이미지나 그림으로 그린다.

_ 단번에 읽기 요령

독서를 할 때 우리의 우뇌는 내용을 한 번에 덩어리로 읽는다. 입체적 읽기 훈련은 눈의 에너지를 대각선으로(왼쪽 끝 모서리에서 오른쪽 끝 모서리까지) 물결치듯이 퍼뜨리며 읽는 것이다. 한 번에 두세 줄씩 덩어리로 읽어 내려간다. 두세 줄, 혹은 다섯, 일곱 줄 중에 하나를 선택하여 덩어리로 묶어서 읽는다. 처음에는 5초, 그다음은 3초, 숙달되면 1초 속도로 읽는다.

꾸준히 연습해 뇌 독서인지능력이 향상되면 한 번에 한 페이지를 통째로 읽을 수 있다. 그래서 뇌로 읽는 독서는 혁명이다.

점차 뇌로 한 단어, 구, 절, 두세 줄, 오행, 십행 등 덩어리로 읽는 훈련을 한다. 범위를 통으로 확장해가며 사진을 찍듯 읽는 훈련을 한다. 어느 순간 3초 만에 한 페이지를 무의식 통으로 읽게 된다.

⟨통으로 읽는 뇌 독서 비법⟩

▦ 고정은 좌뇌, 주변은 우뇌

무의식 통으로 읽기 위해서는 마음으로 보고 뇌로 읽어야 한다. 우선 페이지 가운데에 시선을 고정하고는 방향은 대각선으로 이동하며 읽어간다. 처음에는 두세 줄씩, 그다음에는 네다섯 줄씩 읽는다. 익숙해지면 덩어리를 넓혀간다. 그다음에는 한 페이지를 통으로 읽는다. 이때 고정은 좌뇌가 담당하게 하고, 좌우 주변은 우뇌가 읽어 내려간다. 책을 읽는 방향이 약간 기울어지기에 공간과 이미지를 담당하는 우뇌가 활성화되며, 뇌의 근육이 길러진다.

▦ 문단 단위로 읽기

읽을 때 한 글자씩 읽지 않고 문단 단위로 읽는다. 한 묶음을 통으로 한눈에 담도록 작은 문단에서 큰 문단으로 읽는 훈련을 한다. 시선을 가운데에 맞추고 수직으로 읽어 내려간다.

책의 중앙에 눈을 고정한 채, 초집중하여 뚫어지게 보며 읽는 것이 도움이 된다. 눈동자를 굴리지 않고 정중앙을 10초 정도 보고 읽는다. 그다음에는 점차 범위를 넓혀가며 읽는다. 뇌가 전체를 보며 읽게 된다.

▦ 한 페이지 통으로 읽기

깊은 심호흡을 하고는, 책을 한 줄, 한 문단이 아닌 한 페이지 전체 통으로 읽는다. 한 번에 한 페이지를 한 덩어리로 보고 읽는 것이다. 대각선으로 전체를 읽어 내려온다. 또는 책의 가운데에 눈을 고정하고 원형으로 퍼져 나가듯 전체를 읽는다. 이때 고정은 좌뇌가 맡고, 우뇌는 주변으로 퍼져 나아가며 읽는 역할이다.

▦ 뛰며 날 듯이 읽기

눈을 글 덩어리의 가운데에 고정시키고 우뇌로 뛰어가며 날 듯이 읽는다. 단어, 문장, 문단을 위아래로 뛰어다니며 읽는다. 탄력이 붙으면 마치 작은 원이 큰 원으로 퍼져 나가듯 읽게 된다. 뇌는 뛰며 날 듯이도 독서를 할 수 있다.

▦ 숨을 들이쉬고 읽기

집중력이 높을수록 독서력도 좋아진다. 그러기 위해 숨을 깊이 들이쉬고 천천히 내쉬며 복식호흡하며 읽는다. 읽기에서 숨쉬기는 중요하게 작용한다. 깊은 숨쉬기, 온 정신을 집중하여 숨쉬기를 한다. 여러 잡념을 없애준다. 숨쉬기에 집중해 독서를 하면 우뇌가 활성화된다. 눈이 아니라 뇌로 책을 읽기 때문이다.

'통으로 읽는 뇌 독서법'은 기적을 만들어낸다.

뇌로 읽는 독서는 할수록 독서인지능력을 향상시키고, 우뇌를 활성화시키면 읽는 폭이 넓어져 단번에 통으로 읽을 수 있다. 결국 통으로 읽는 뇌 독서는 독서의 가속도가 붙는 신나는 독서법이다. 독서의 기적을 만들어낸다.

독서는 내게 언제나 즐거운 놀이였다

참 감사합니다.

소개한 독서법을 통해 여러분이 더 행복해지고 성장을 가져다주었다는 얘기들이 많이 들려오기를 소망합니다. 특히 AI조차도 독서력을 갖춘 당신을 어찌할 수 없게 될 것임을 기쁘게 생각합니다.

학생으로 공부를 잘하고 직장인으로 성공하기를 바라신다면,

꿈을 이루고 싶다면, 통찰력을 기르고 싶다면,

책을 우선순위에 두고 독서를 즐기십시오. 기적 같은 변화를 경험하게 될 것입니다. 더불어 비판적 사고 능력과 뇌의 기억력 향상과 창의적 사고력이 더욱 발전할 것이라 기대합니다.

한 가지 더, 당신이 있는 그곳에서도 독서 운동의 불씨가 일어나기를 응원합니다.

요즘은 책이 넘쳐납니다. 추천 도서나 베스트셀러 코너에 꽂혀 있다고 해서 꼭 재미있거나 내게 필요한 책인 것은 아닙니다. 유명한 사람이 썼다고 해서 무조건 볼 만한 것도 아닙니다. 내 취향의 책을 찾는 노하우가 필요한 시대입니다. 여러분이 선택한 책들이 꿈을 현실로 만들어주는 성공 방정식이 될 것입니다.

이 책에서 미처 다루지 못한 부분과 표현력이 짧아 적지 못한 내용은 제 유튜브를 통해 수시로 나누겠습니다. 그리고 기회가 주어진다면 삶을 변화시킨 독서법과 글쓰기 수업으로 찾아뵙도록 하겠습니다.

사랑합니다.
감사합니다.
고맙습니다.

앞으로도 계속하여 이 길을 개척해 나가겠습니다.

정병태 교수의
신들린 책 읽기/글쓰기 수업

찾아가는 1:1 작가 수업

베스트셀러 작가 데뷔를 위한
글쓰기 재발견

출판 디지털 창작 수업
: 전자책, 오디오북, 기획, 유통

돈 벌기 위한
독서/글쓰기 코칭

H.P. - 010.5347.3390
Mail - jbt6921@hanmail.net